清涼國師華嚴經疏鈔

청량국사화엄경소초 22

— 화장세계품 ① —

청량징관 찬술 · 관허수진 현토역주

운주사

서언

천이백 년 침묵의 역사를 깨고

오늘도 나는 여전히 거제만을 바라본다.

겹겹이 조종하는 산들

산자락 사이 실가닥 저잣길을 지나 낙동강의 시린 눈빛

그 너머 미동도 없는 평온의 물결 저 거제만을 바라본다.

십오 년 전 그날 아침을 그리며 말이다.

나는 2006년 1월 10일 은해사 운부암을 다녀왔다.

그리고 그날 밤 열한 시 대적광전에서 평소에 꿈꾸어 왔던 『청량국사 화엄경소초』 완역의 무장무애를 지심으로 발원하고 번역에 착수하였다.

나의 가냘픈 지혜와 미약한 지견으로 부처님의 비단과도 같은 화장세계에 청량국사의 화려하게 수놓은 소초의 꽃을 피워내는 긴 여정을 시작한 것이다.

화엄은 바다였고 수미산이었다.

그 바다에는 부처님의 용이 살고 있었고

그 산에는 부처님의 코끼리가 노닐고 있었다.

예쁘게 단장한 청량국사 소초의 꽃잎에는 부처님의 생명이 태동하고 있었고,

겁외의 연꽃 밭에는 영원히 지지 않는 일승의 꽃이 향기를 뿜어내고

있었다.

그 바다 그 산 그리고 그 꽃밭에서 10년 7개월(구체적으로는 2006년 1월 10일부터 2016년 8월 1일까지) 동안 자유롭게 노닐었다.

때로는 산 넘고 강 건너 협곡을 지나고

때로는 은하수 별빛 따라 오작교도 다니었다.

삼경 오경의 그 영롱한 밤

숨쉬기조차 미안한 고요의 숭고함

그 시공은 영원한 나의 역경의 놀이터였다.

애시당초 이 작업은 세계 인문학의 자존심

내가 살아 숨쉬는 이 나라 대한민국 그리고 불교의 자존심에 기인한 것이다.

일찍이 그 누가 이 청량국사의 『화엄경소초』를 완역하였다면 나는 이 작업을 하지 않았을 것이다.

지금도 여전히 완역자는 없다.

더욱이 이 『청량국사화엄경소초』의 유일한 안내자 인악스님의 『잡화기』와 연담스님의 『유망기』도 그 누가 번역한 사실이 없다.

그러나 내 손안에 있는 두 분의 『사기』는 모두 다 번역하여 주석으로 정리하였다.

이 청량국사 화엄경의 소는 초를 판독하지 않으면 알 수가 없다.

그래서 그 이름을 구체적으로 대방광불화엄경수소연의초大方廣佛華嚴經隨疏演義鈔라 한 것이다.

즉 대방광불화엄경의 소문을 따라 그 뜻을 강연한 초안의 글이라는 것이다.

청량국사는 『화엄경』의 소문을 4년(혹은 5년) 쓰시되 2년차부터는 소문과 초문을 함께 써서 완성하시고 5년차부터 8년 동안 초문을 쓰셨다.

따라서 그 소문의 양은 초문에 비하면 겨우 삼분의 일에 지나지 않는다 할 것이다.

나는 1976년 해인사 강원에서 처음 『청량국사화엄경소초 현담』 여덟 권을 독파하였고,

1981년부터 3년간 금산사 화엄학림에서 『청량국사화엄경소초』를 독파하였다.

그때 이미 현토와 역주까지 최초 번역의 도면을 완성하였고,

당시에 아쉽게 독파하지 못한 십정품에서 입법계품까지의 소초는 1984년 이후 수선 안거시절 해제 때마다 독파하여 모두 정리하였다.

그러나 번역의 기연이 맞지 않아 미루다가 해인사 강주시절 잠시 번역에 착수하였으나 역시 기연이 맞지 않아 미루었다.

그리고 드디어 2006년 1월 10일 번역에 착수하여 2016년 8월 1일 십만 매 원고로 완역 탈고하고, 2020년 봄날 시공을 초월한 사상초유 『청량국사화엄경소초』가 1,200년 침묵의 역사를 깨고 이 세상에 처음 눈을 뜨게 된 것이다.

번역의 순서는 먼저 입법계품의 소초, 다음에는 세주묘엄품 소초에서 이세간품 소초까지, 마지막으로 소초 현담을 번역하였다.
번역의 형식은 직역으로 한 글자도 빠뜨리지 않고 번역하였다.
따라서 어색하게 느껴지는 곳도 있을 것이다.
예를 들면 소所 자를 "바"라 하고, 지之 자를 지시대명사로 "이것, 저것"이라 하고, 이而 자를 "그러나"로 번역한 등이 그렇다.
판본은 징광사로부터 태동한 영각사본을 뿌리로 하였고, 대만에서 나온 본과 인악스님의 『잡화기』와 연담스님의 『유망기』와 또 다른 사기 『잡화부』(잡화부는 검자권부터 광자권까지 8권만 있다)를 대조하여 번역하였다.

앞에서 이미 말한 것처럼, 그 누가 청량국사의 『화엄경소초』를 완역한 적이 있었다면 나는 이 번역에 착수하지 않았을 것이다.
지금까지 이 황금보옥黃金寶玉의 『청량국사화엄경소초』가 번역되지 아니한 것은 나에게 주어진 시대적 사명이고 역사적 명령이라 생각한다.
나는 이 『청량국사화엄경소초』의 완역으로 불조의 은혜를 갚고 청량국사와 은사이신 문성노사 그리고 나를 낳아준 부모의 은혜를 일분 갚는다 여길 것이다.

끝으로 이 『청량국사화엄경소초』가 1,200년의 시간을 지나 이 세상에 눈뜨기까지 나와 인연한 모든 사람들 그리고 영산거사 가족과 김시열 거사님께 원력의 보살이라 찬언讚言하며, 나의 미약한 번역으로 선지자의 안목을 의심케 할까 염려한다.
마지막 희망이 있다면 이 『청량국사화엄경소초』의 완역 출판으로 청량국사에 대한 더욱 깊고 넓은 연구와 『화엄경』에 대한 더욱 다양한 연구가 이루어지기를 바라는 것뿐이다.
장세토록 구안자의 자비와 질책을 기다리며 고개 들어 다시 저 멀리 거제만을 바라본다.
여전히 변함없는 저 거제만을.
2016년 8월 1일 절필시에 게송을 그리며

長廣大說無一字 장광대설무일자
無碍眞理亦無義 무애진리역무의
能所兩詮雙忘時 능소양전쌍망시
劫外一經常放光 겁외일경상방광

화엄경의 장대한 광장설에는 한 글자도 없고
화엄경의 걸림없는 진리에는 또한 한 뜻도 없다.
능전의 문자와 소전의 뜻을 함께 잊은 때에
시공을 초월한 경전 하나 영원히 광명을 놓누나.

불기 2566년 음력 1월 10일 최초 완역장
승학산 해인정사 관허 수진

- 화엄경소초현담華嚴經疏鈔玄談(1~8)

- 화엄경소초華嚴經疏鈔

1. 세주묘엄품世主妙嚴品
2. 여래현상품如來現相品
3. 보현삼매품普賢三昧品
4. 세계성취품世界成就品
5. 화장세계품華藏世界品
6. 비로자나품毘盧遮那品
7. 여래명호품如來名號品
8. 사성제품四聖諦品
9. 광명각품光明覺品
10. 보살문명품菩薩問明品
11. 정행품淨行品
12. 현수품賢首品
13. 승수미산정품昇須彌山頂品
14. 수미정상게찬품須彌頂上偈讚品
15. 십주품十住品
16. 범행품梵行品
17. 초발심공덕품初發心功德品
18. 명법품明法品

영인본 4책 寒字卷之一

대방광불화엄경수소연의초 제팔권
大方廣佛華嚴經隨疏演義鈔 第八卷

우진국 삼장사문 실차난타 번역
청량산 대화엄사 사문 징관 찬술
대한민국 조계종 사문 수진 현토역주

화장세계품 제오의 일권

華藏世界品 第五之一卷

疏

初來意者는 前品에 通明諸佛刹海하고 今此엔 別明本師所嚴依果하야 答世界海問일새 故次來也니라

처음에 여기에 온 뜻은 앞 품[1]에서는 모든 부처님의 국토 바다를 통틀어 밝혔고 지금 여기에서는 본사 부처님이 장엄한 바 의과依果를 따로 밝혀 세계의 바다에 대한 질문을 답하였기에 그런 까닭으로 세계성취품 다음에 여기에 온 것이다.

疏

釋名者는 準梵本具云인댄 華藏莊嚴嚴具世界海之遍淸淨功德海光明品이라하리니 譯者嫌繁하야 乃成太略이라 處中인댄 應云호대 蓮華藏莊嚴世界海品이라하리니 謂蓮華含子之處를 目之曰藏이요 今刹種及刹이 爲大蓮華之所含藏일새 故云華藏이요 其中一

1 앞 품 운운한 것은 안립의 바다에 대한 질문을 답한 것이다.

一境界가 皆有刹海塵數의 淸淨功德일새 故曰莊嚴이요 世界深廣일새 故名爲海니라 有云호대 世界依海일새 故立海名者는 恐非文意니 以下云호대 華藏莊嚴世界海가 住在華中故라하니라 其梵云호대 嚴具는 卽是能嚴이요 其遍淸淨功德海光明은 卽顯嚴之相用이니 依體有用일새 故致之言이어니와 今文엔 擧體攝用일새 但云華藏이라하니라

이름을 해석한 것은 범본을 기준하여 갖추어 말한다면[2] 화장장엄 엄구세계해지 변청정 공덕해 광명품(花藏莊嚴 嚴具世界海之 遍淸淨功德海 光明品)이라 할 것이니
번역하는 사람이 번잡함을 싫어하여 이에 크게 생략함을 이루게 되었다.[3]
처소중이라면 응당 말하기를 연화장 장엄세계해품이라 할 것이니 말하자면 연꽃이 종자를 함유한 곳을 지목하여 말하기를 장藏이라 하고
지금에 세계의 종種과 그리고 세계가 큰 연꽃의 함장한 바가 되기에 그런 까닭으로 말하기를 화장이라 하고

2 갖추어 말한다고 한 것은 화장華藏 등 아홉 글자는 자체요, 변청遍淸 등 여덟 글자는 모습과 작용이니 이것은 곧 능히 장엄하고 장엄하는 바를 아울러 함께 자체라 이름한 것이고, 유독 능히 장엄하는 것만 취하여 자체를 삼은 것이 아니다. 이상은 『잡화기』의 말이다.

3 크게 생략함을 이루었다고 한 것은, 여기서는 대폭 생략하여 화장세계 등이라고만 했다는 것이다. 응운연화應云蓮華라 한 연蓮 자는 연자衍字로도 본다.

그 가운데 낱낱 경계가 다 세계의 바다에 작은 티끌 수만치 많은 청정한 공덕이 있기에 그런 까닭으로 말하기를 장엄이라 하고 세계가 깊고도 넓기에 그런 까닭으로 이름하여 바다(海)라 하였다.

어떤 사람이 말하기를 세계가 바다를 의지하기에 그런 까닭으로 바다라는 이름을 세웠다고 한 것은 경문의 뜻이 아닐까 염려하나니 아래 경문에 말하기를[4] 화장장엄의 세계 바다가 연꽃 가운데 머물러 있는 까닭이라 하였다.

그 범본에 말하기를 엄구嚴具라고 한 것은 곧 이것은 능엄能嚴이요 그[5] 범본에 변청정공덕해광명遍清淨功德海光明이라고 한 것은 곧 장엄의 상용相用을 나타낸 것이니
자체를 의지하여 작용이 있기에 그런 까닭으로 지之라는 말을 이루거니와, 지금의 문장에는 자체를 들어 작용을 섭수하기에 다만 말하기를 화장이라고만 하였다.

鈔

梵本具云者는 梵云호대 拘蘇磨(華)多羅(藏)驃訶(莊嚴)阿楞伽(嚴

4 아래 경문에 말하기를이라고 한 등은 영인본 화엄 4책, p.22, 5행과 p.23, 4행에 화장장엄세계가 그 가운데 머물러 있다 한 것이다. 그 가운데라고 한 것은 연꽃 가운데를 말한다.

5 기其 자는 지之 자가 아닌가 한다. 其 자면 범본을 가리키고, 之 자면 세계해지변청정世界海之遍清淨이라 한 之 자이다.

具)嚕迦馱都(世界)三牟達囉(海)鉢履輸陀(之遍淸淨)懼曩(功德)三牟達囉(海)阿羅婆娑(光明)鉢履勿多(品)라하니 此云華藏莊嚴嚴具世界海之遍淸淨功德海光明品이라하니라

범본을 기준하여 갖추어 말한다고 한 것은 범본에 말하기를 구소마(華) 다라(藏) 표하(莊嚴) 아릉가(嚴具) 로가타[6]도(世界) 삼모달라(海) 발리수타(之[7]遍淸淨) 구낭(功德) 삼모달라(海) 아라바사(光明) 발리물다(品)라 하였으니
여기에서 말하면 화장장엄 엄구세계해지[8] 변청정 공덕해 광명품이라는 것이다.

疏

約事可爾어니와 何因으로 刹海相狀이 如斯고 略擧二因하리라 一은 約衆生이니 如來藏識은 卽是香海요 亦法性海며 依無住本은 是謂風輪이요 亦妄想風이라 於此海中에 有因果相하니 恒沙性德은 卽是正因之華요 世出世間의 未來果法을 皆悉含攝일새 故名爲藏이라 若以法性爲海인댄 心卽是華니 含藏亦爾하니라 然此藏識의 相分之中에 半爲外器니 不執受故요 半爲內身이니 執爲自性하야 生覺受故라 如來藏識이 何緣如此고 法如是故며 行業引

6 嚕은 로嚕 자의 잘못이다. 馱는 타馱 자이다.
7 운云 자는 지之 자의 잘못이다.
8 세계해라고 한 아래에 지之 자가 있어야 한다.

故니라 二는 約諸佛이니 謂以大願風으로 持大悲海하야 生無邊行華하야 含藏二利와 染淨果法하야 重疊無礙일새 故所感刹의 相狀如之니라 是以로 出現品中에 多將世界하야 以喻佛德하니 細尋文意하면 乃由佛德하야 世界如之리라

사실을 잡는다면 가히 그렇다 하거니와 무슨 인연으로 국토의 바다에 모습이 이와 같은가.
간략하게 두 가지 인연을 거론하겠다.[9]
첫 번째는 중생을 잡은 것이니
여래장식은 곧 이 향수해요 또한 법성해이며[10]
무주의 근본을 의지하는 것은 이것은 풍륜을 말하는 것이요 또한 망상의 바람이다.
이 바다 가운데 인과의 모습이 있나니

---

9 간략하게 두 가지 인연을 거론하겠다고 한 것은, 초初는 곧 십연十緣 가운데 제삼第三에 법성이고, 후後는 곧 십연 가운데 제육第六에 행원이다. 그러나 초初 가운데 스스로 두 가지 뜻을 포함하고 있나니 곧 초初에 장식藏識은 오직 중생만을 잡아서 말한 것이요, 후後에 법성法性은 또한 중생과 부처에 통하거늘 총표 가운데는 다만 중생만을 잡아 말했다고 한 것은 반드시 후後에 모든 부처님을 잡아 말한 것으로 더불어 상대하기 위한 까닭으로 통상으로 말한 것뿐이다. 역시 『잡화기』의 말이다.

10 또한 법성해라고 한 것은, 그 뜻에 말하기를 또한 법성해라고 한 것은 곧 이것은 향수해香水海이다. 무주의 근본을 의지한다고 한 등은, 말하자면 무주의 근본이라고 한 것은 곧 법성해가 능히 가지는 것이고 망상의 바람이라고 한 것은 곧 장식해가 능히 가지는 것이니, 여기는 곧 둘 다 함께 표하고 이 아래는 이에 함께 해석한 것이다. 역시 『잡화기』의 말이다.

항하사 자성(性) 공덕은 곧 이 정인正因의 꽃(華)이요 세간과 출세간에 미래의 과법果法을 다 함섭하기에 그런 까닭으로 이름을 장藏이라 하는 것이다.

만약 법성으로써 바다를 삼는다면 마음은 곧 이 꽃이니[11]

함장含藏도 또한 그러한 것이다.

그러나 이 장식藏識의[12] 상분相分 가운데 반은 외기外器가 되는 것이니 집수執受하지 않는[13] 까닭이요

---

11 마음은 곧 이 꽃이라고 한 것은, 만약 앞의 장식해인즉 바다의 꽃이니 능유의 바다가 소유의 꽃으로 더불어 다른 까닭이다. 지금 여기 법성해의 해석인즉 바다가 곧 꽃이니 법성이 곧 정인인 까닭이다. 이상은 『잡화기』의 말이다.

12 함장含藏은 여래장如來藏의 다른 이름이다. 그러나 이 장식藏識 운운은, 다시 이 장식해가 내신內身과 외기外器를 구족한 까닭을 나타낸 것이니 그런 까닭으로 찰해로 하여금 삼세간을 갖추게 하는 까닭이라고 『잡화기』는 말한다.

13 집수執受하지 않는다고 한 것은 유식 가운데 장식의 상문에 삼사三事가 있나니 첫 번째는 섭지하는 것으로 자체를 삼는 것이요, 두 번째는 섭지하여 하여금 잃지 않게 하는 것이요, 세 번째는 영수하는 것으로 경계를 삼는 것이다. 근신根身은 뒤에 두 가지를 갖추었으나 첫 번째 섭지하는 것으로 자체를 삼는 것이 없고 기계器界는 오직 하나 제 세 번째 영수하는 것으로 경계를 삼는 것만 있을 뿐이다. 또 『필삭기』 제3권 11장에 말하기를 근신은 깨달아 아는 것이 있는 까닭으로 팔식이 집수하고 기계는 깨달아 아는 것이 없는 까닭으로 제팔식이 다만 반연하기만 하고 집수하지는 않는다 하였다. 이상은 『잡화기』의 말이다.

집수하지 않는다고 한 것은 팔식의 자체이고, 집수한다고 한 것은 밖의 경계를 받아들여 괴로움과 즐거움을 깨달아 아는 것이다. 그러나 엄격하게 말하면 받아들이는 것은 집수이고, 깨달아 아는 것은 각수覺受이다.

반은 내신內身이 되는 것이니
집수執受로 자성을 삼아 각수覺受를 내는 까닭이다.
여래장식이[14] 무슨 인연으로 이와 같은가.
법이 이와 같은 까닭이며 행업으로 인도하는 까닭이다.
두 번째는 모든 부처님을 잡은 것이니
말하자면 큰 서원의 바람으로써 대비의 바다를 가져 끝없는 행의 꽃을 내어 이리二利와 염·정의 과법을 함장하여 중첩으로 걸림이 없기에 그런 까닭으로 감득한 바 세계의 모습이 그와 같은 것이다.
이런 까닭으로 출현품[15] 가운데 다분히 세계를 가져 부처님의 공덕에 비유하였으니
문장의 뜻을 자세하게 찾아보면 이에 부처님의 공덕을 인유하여 세계가 그와 같은 줄 알 것이다.

鈔

約事可爾下는 覈其本源이니 不爲此釋하면 豈委刹海之興由리요

『필삭기筆削記』는 『기신론소 필삭기起信論疏 筆削記』이니 이십 권으로 송宋나라 자선이 규봉 종밀스님의 『기신론 주소註疏』를 해석한 것이다.

14 여래장식이라 한 아래는 여래장식이 내신과 외기를 구족한 까닭을 해석한 것이라고 『잡화기』는 말한다.

15 이런 까닭으로 출현품 운운한 것은 그 뜻에 말하기를 저 출현품은 비록 세계로써 부처님의 공덕에 비유하였으나 이 화장세계품은 세계로써 부처님의 공덕의 과보에 비유하였다. 역시 『잡화기』의 말이다.

사실을 잡는다면 가히 그렇다고 한 아래는 그 본원을 덮는 것이니 이 해석을 하지 아니하면 어찌 국토의 바다가 일어나는 이유를 알겠는가.

疏

三에 宗趣者는 別顯本師依報가 具三世間하야 融攝無盡爲宗하고 令諸菩薩로 發生信解하야 成就行願爲趣하니라 餘如前品거니와 但總別異耳니라 融攝之相도 亦見前文하니 賢首立華藏觀에 復有十德으로 大同小異하니라

세 번째 종취는 본사本師의 의보依報가 삼세간을 구족하여 융섭하여 다함이 없는 것으로 종宗을 삼고 모든 보살로 하여금 믿음과 지해를 발생하여 행원을 성취케 하는 것으로 취趣를 삼은 것을 따로 나타낸 것이다.
나머지는 앞의 세계성취품과 같거니와 다만 총總과 별別[16]이 다를 뿐이다.

융섭의 모습도 또한 앞 품의 문장에 나타내었으니
현수법사가 세운 화장관華藏觀에 다시 십덕十德이 있다는 것으로 대동소이하다.

---

16 총總과 별別이라고 한 것은, 총은 세계성취품이고, 별은 화장세계품이다.

鈔

言有十德者는 前品已引하니라

십덕이 있다고 말한 것은 앞 품에서 이미 인용하였다.

經

爾時에 普賢菩薩이 復告大衆言호대 諸佛子야 此華藏莊嚴世界海는 是毘盧遮那如來가 往昔於世界海에 微塵數劫토록 修菩薩行時에 一一劫中에 親近世界海의 微塵數佛하시고 一一佛所에 淨修世界海의 微塵數大願之所嚴淨하시니라

그때에 보현보살이 다시 대중에게 일러 말하기를 모든 불자여, 이 화장장엄세계의 바다는 이 비로자나 여래가 지나간 옛날에 세계의 바다에 작은 티끌 수만치 많은 세월(劫)토록 보살행을 닦으실 때에 낱낱 세월(劫) 가운데 세계의 바다에 작은 티끌 수만치 많은 부처님을 친근하시고 낱낱 부처님의 처소에서 세계의 바다에 작은 티끌 수만치 많은 대원을 청정하게 닦아 장엄하고 청정하게 하신 곳입니다.

疏

第四는 釋文이라 一品分三하리니 初는 明華藏의 因果自體요 二는 明藏海의 安布莊嚴이요 三은 明所持의 刹網差別이니 三段如次하야 釋華藏莊嚴世界之名이라 今初二니 先은 長行이요 後는 偈頌이라 長行亦二니 初는 擧果屬人하야 顯因深廣이요 二는 彰果體相하야 辯其寬容이라 今初也니 謂指此刹海가 是我本師의 修因所淨이라 然因深廣에 有三勝相하니 一은 長時修를 刹海塵劫故니 不唯

三祇니라 二는 於多劫에 一一遇多勝緣이니 不唯勝觀과 釋迦等佛이라 三은 於多勝緣에 一一淨多大願하야 願淨國等이니 不唯淨一無生等이라 由上三重일새 故云深廣이라하니라

제 네 번째는 경문을 해석한 것이다.
한 품을 세 가지로 분류하리니
처음에는 화장세계의 인·과 자체를 밝힌 것이요
두 번째는 화장세계의 바다에 안립하여 펼쳐진 장엄을 밝힌 것이요
세 번째는 가진 바 국토가 그물처럼 차별함을 밝힌 것이니
삼단이 차례와 같이 화장장엄세계의 이름을 해석한 것이다.
지금은 처음으로 두 가지가 있나니
먼저는 장행문이요
뒤에는 게송문이다.
장행문에 또한 두 가지가 있나니
처음에는 과보를 들어 사람에 묶어 원인이 깊고도 넓은 것을 나타낸 것이요
두 번째는 과보의 자체상을 밝혀 그것이 널리 용납함을 분별한 것이다.
지금은 처음이니
말하자면 이 국토의 바다가 우리 본사께서 원인을 닦아 청정하게 한 곳임을 가리킨 것이다.
그러나 원인이 깊고도 넓다고 함에 세 가지 수승한 모습이 있나니
첫 번째는 장시간 수행을 국토 바다에 티끌 수 세월(劫)토록 한

까닭이니
오직 삼아승지 세월뿐만이 아니다.
두 번째는 수많은 세월(劫)에 날날이 수많은 수승한 인연을 만난 것이니
오직 승관불[17]과 석가 등 부처님뿐만이 아니다.
세 번째는 수많은 수승한 인연에 날날이 수많은 큰 서원을 청정히 하여 국토를 청정하게 하기를 서원한 등이니
오직 한 무생법인만 청정하게 하기를 서원한 등이 아니다.
위에 삼중三重을 인유하기에 그런 까닭으로 말하기를 깊고도 넓다고 하였다.

鈔

初에 明華藏等者는 然이나 第二에 安布莊嚴도 亦是果相이라 故로 應對果分因하야 總爲二段하니 謂先明刹因이요 後彰果相이라 以第一段長行엔 具有因果하고 偈中엔 雙明因果일새 故合於因하야 屬自體中하니라 不唯勝觀釋迦等者는 俱舍論第十八說호대 於三無數劫에 各供養七萬하고 又如次供養 五六七千佛하며 三無數劫滿에 逆次逢勝觀과 然燈寶髻佛과 初釋迦牟尼이라하니 釋曰此二偈中에 初偈는 明供養佛數니 謂初無數劫에 供養七萬五千佛하며 第二無數劫에 供養七萬六千佛하며 第三無數劫에 供養七萬七千佛하니라 後頌은 明何佛供養이라 言逆次者는 從第三無數劫으로 向前以明이니 謂第

17 승관불은 비바시불이다.

三無數劫滿에 逢勝觀佛하며 第二無數劫滿에 逢然燈佛하며 第一無數劫滿에 逢寶髻佛하며 最初發心하야 逢釋迦牟尼佛하고 發誓願言호대 願我當作佛호대 一如今世尊하시고 彼佛世尊이 末劫出世하사 法住千年하시니 今我如來도 一一同彼하소서하니라 故今疏云호대 不唯勝觀者는 擧第三阿僧祇劫滿佛이라 言釋迦者는 擧初發心之佛이라 而言等者는 乃有三義하니 一은 等然燈寶髻요 二는 等所供佛數요 三은 等餘教所明이니 設言供養三十六恒과 三十八恒佛等이라도 皆未足爲多也니라

처음에 화장세계라고 한 등은 그러나 제 두 번째[18] 안립하여 펼쳐진 장엄이라고 한 것도 역시 과보의 자체상[19]이다.
그런 까닭으로 응당히 과보를 상대하여[20] 원인을 나누어 모두 이단二段으로 하였으니

---

18 그러나 제 두 번째라고 한 등은, 진실인즉 제 세 번째 가진 바 국토가 그물처럼 차별한다는 것도 역시 과의 자체상이지만 지금에 말하지 아니한 것은 근본을 들어 지말을 섭수한 까닭이니, 말하자면 제 두 번째는 근본 국토를 밝히고, 제 세 번째는 지말의 세계를 밝힌 것이다. 역시 『잡화기』의 말이다.

19 원문에 역시과상亦是果相이라고 한 것은 一에 인과자체因果自體라 하였기에 亦是라 한 것이다.

20 그런 까닭으로 응당히 과보를 상대한다고 한 등은 곧 현수스님의 뜻이니, 이 화장세계 한 품으로써 모두 나누어 두 가지로 하였으니 첫 번째는 원인이 깊고도 넓은 것을 나타내는 경문으로써 국토의 원인을 삼고, 두 번째는 과보의 자체상을 밝히는 경문으로써 뒤에 이단二段을 연속하여 다 과보의 자체상을 삼은 것이다. 역시 『잡화기』의 말이다.

말하자면 먼저는 국토의 원인을 밝힌 것이요,

뒤에는 과보의 자체상을 밝힌 것이다.

제일단의 장행문에는 인과를 구유具有하였고, 게송문에는 인과를 함께 읊었기에 그런 까닭으로 원인을 합하여 과보의 자체 가운데 섭속하였다.

오직 승관불과 석가 등 부처님뿐만이 아니라고 한 것은 『구사론』 제십팔권에 말하기를 저 삼무수세월[21]에

각각 칠만 부처님에게 공양하였고,

또 차례와 같이

오·육·칠천불에게 공양하였으며

삼무수세월이 참에

역차로 승관불과

연등불과 보계불과

최초 석가모니불을 봉양하였다 하였으니,

해석하여 말하면 이 두 게송 가운데 처음 게송은 부처님께 공양한 수數를 밝힌 것이니

말하자면 최초 무수세월에 칠만 오천불에게 공양하였으며,

제이 무수세월에 칠만 육천불에게 공양하였으며,

제삼 무수세월에 칠만 칠천불에게 공양하였다는 것이다.

---

21 원문에 삼무수겁三無數劫은 삼아승지겁三阿僧祇劫이다.

뒤에 게송[22]은 어떤 부처님을 만나 공양하였는지를 밝힌 것이다.
역차逆次라고 말한 것은 제삼 무수세월로 좇아 앞을 향하여 밝힌[23] 것이니
말하자면 제삼 무수세월이 참에 승관불을 봉양하였으며,
제이 무수세월이 참에 연등불을 봉양하였으며,
제일 무수세월이 참에 보계불을 봉양하였으며,
최초로 발심하여 석가모니불을 봉양하고 서원을 일으켜 말하기를 원컨대 제[24]가 마땅히 부처님이 되데 한결같이 지금에 세존과 같게 하시고 저 부처님 세존이 말세(末劫)에 세상에 출현하여 법이 천년에 머무시니, 지금에 우리의 여래도 낱낱이 저 부처님과 같게 하소서 하였다.
그런 까닭으로 지금 소문에서 말하기를 오직 승관불뿐만이 아니라고 한 것은 제삼 아승지세월이 참에 봉양한 부처님을 거론한 것이다.
석가라고 말한 것은 처음 발심 시에 부처님을 거론한 것이다.
등이라고 말한 것은 이에 세 가지 뜻이 있나니
첫 번째는 연등불과 보계불을 등취한 것이요
두 번째는 공양한 바 부처님의 수를 등취한 것이요
세 번째는 나머지 다른 교에서 밝힌 바를 등취한 것이니,
설사 삼십육 항하사 부처님과 삼십팔 항하사 부처님 등을 공양했다

22 원문에 후송後頌이란, 제삼 무수세월이 참에 운운云云이다.
23 앞을 향하여 밝혔다고 한 것은 앞에 제이 무수세월, 제일 무수세월 순으로 밝혔다는 것이다.
24 제(我)라고 한 것은 보현보살을 말한다.

말할지라도 다 족히 많음이 되지 않는 것이다.

不唯淨一無生者는 如智論說호대 五華로 供養然燈하야 得無生法忍하니라 故金剛經云호대 若有少法可得인댄 然燈佛이 則不與我授記等이니 無法可得이 是無生相이라 而言等者는 等餘法門이니 俱舍頌云호대 但由悲普施하며 被折心無忿하며 讚歎底沙佛하며 次無上菩提하니라 六波羅蜜多를 於如是四位에 一二又一二하야 如次修圓滿이라하니 釋曰初之四句가 卽是四位이니 初位一滿이니 謂普施成檀이요 次位二滿이니 謂尸及忍이라 被折不報일새 故能滿尸요 由內無忿일새 故成於忍이라 第三位中에 但一度滿이니 謂精進度라 第四位中에 定慧雙滿이니 故云一二又一二等이라하니라 言底沙者는 此云圓滿이라 讚佛偈云호대 天地此界多聞室과 逝宮天處十方無라 丈夫牛王大沙門이여 尋地山林遍無等이라하며 七日七夜를 忘下一足하고 歎底沙故로 超於彌勒하야 九劫先成佛이라하니 智論之中에도 亦同此說하니라 故六度滿이 前後不多어니와 今經엔 一一佛所에 淨修世界海의 微塵數大願이라하니 況於多佛이며 況多劫耶아 故結云호대 由上三重일새 故云深廣이라하니라

오직 한 무생법인만 청정하게 하기를 서원한 것이 아니라고 한 것은 저 『지도론』에 말하기를 다섯 송이 꽃으로 연등 부처님께 공양하여[25] 무생법인을 얻었다고 한 것과 같다.

---

25 다섯 송이 꽃으로 연등 부처님께 공양하였다고 한 것은, 석가모니가 과거

그런 까닭으로 『금강경』에 말하기를 만약 적은 법이라도 가히 얻을 것이 있다면 연등부처님이 곧 나에게 수기를 주지 않았을 것이다 한 등이니,

법 가히 얻을 것이 없는 것이 이것이 무생법인의 모습이다.

등等이라고 말한 것은 나머지 법문을 등취한 것이니

『구사론』 게송에 말하기를

다만 자비를 인유하여 널리 보시하며

사지를 찢음[26]을 입어도 마음에 분함이 없으며

저사불[27]을 찬탄하며

무상보리를 다음에 하는 것이다.

육바라밀다를

이와 같이 사위四位에서

한 가지만 닦기도 두 가지를 닦기도 하며

또 한 가지만 닦기도 두 가지를 닦기도 하여[28]

연등 부처님께서 40만의 제자들을 거느리고 희락성喜樂城의 선현정사善現精舍에 와서 계실 때에 일곱 송이 꽃 중에 다섯 송이를 올린 것을 말한다. 두 송이는 꽃집 주인, 오늘날 야수다라가 올렸다. 그 꽃의 인연이 금생에 야수다라와의 인연이라고 누차 말하였고, 우리가 사용하는 화혼식의 유래는 여기로부터 출발한다 하겠다.

26 析은 折 자의 잘못이다.

27 저사불底沙佛은 곧 불사불弗沙弗이라고도 하나니 바로 뒤에서 설명하겠다. 보통은 저사불이라 하지 않고 제사불이라 한다.

28 원문에 六波羅蜜多를 於如是四位에 一二又一二라고 한 것은 사위四位란,

차례와 같이 수행하여 원만케 한다 하였으니
해석하여 말하면 처음 게송에 사구四句가 곧 이 사위四位이다.
초위初位에 한 가지 바라밀만 성만하나니
말하자면 널리 보시하여 보시를 성만한 것이요,
차위(第二位)에 두 가지 바라밀을 성만하나니
말하자면 지계와 그리고 인욕이다.
사지를 찢음을 입어도 보복하지 않았기에 그런 까닭으로 능히 지계를 성만한 것이요,
내심을 인유하여 분노가 없었기에 그런 까닭으로 인욕을 성만한 것이다.
제삼위 가운데 다만 한 바라밀만 성만하나니
말하자면 정진바라밀이다.
제사위 가운데 선정과 지혜를 함께 성만하나니

여기에 인용한 二頌 중에 初一頌의 四句를 사위라 한다.
一二又一二란, 初位인 一句는 布施가 하나요
二位인 二句는 持戒와 忍辱이 둘이요
三位인 三句는 精進이 하나요
四位인 四句는 禪定과 智慧가 둘이니
그런 까닭으로 四位에 一二又一二라 한 것이다.
바로 아래 석왈초지사구釋曰初之四句 운운을 잘 보면 알 수 있다.
『잡화기』에 말하기를 이와 같이 사위四位라고 한 것은 난煖·정頂 등 사가행위四加行位이니, 『회현기』 20권 21장을 볼 것이다 하였다.
『유망기』는 육바라밀을 닦아 사위四位를 나눈 것이고, 따로 위명位名이 있는 것이 아니다 하였다.

그런 까닭으로 말하기를 한 가지만 닦기도 두 가지를 닦기도 하며 또 한 가지만 닦기도 두 가지를 닦기도 한다고 한 등이라 하였다.

저사불이라고 말한 것은 여기에서 말하면 원만이다.
저사불을 찬탄한 게송에[29] 말하기를
하늘 땅 이 세계에 다문多聞의 집과
선서의 궁전과 천중천의 처소가 시방에는 없습니다.
장부 우왕牛王 대사문이시여,

---

29 저사불을 찬탄한 게송에 운운한 것은 구사론에 있는 저사불을 찬탄한 게송이다. 석가모니와 미륵이 과거 이 저사불의 회상에서 수행할 때 석가모니가 칠일 칠야를 계족鷄足으로 이 저사불을 바라보고 찬탄한 게송이다. 또 다른 번역으로는 우리가 잘 아는 천상과 천하에 부처님 같은 분은 없고 / 시방세계에도 또한 비교할 존재는 없습니다 / 세간에 존재하는 바 그 모두를 저가 다 보았지만 / 일체 그 누구도 부처님 같은 분은 없습니다 한 것이 그것이다. 석가모니는 이 칠일 칠야의 찬불공덕讚佛功德으로 미륵보다 구겁九劫을 빨리 성불하여 사바세계의 교주가 되었다고 전한다. 『잡화기』에 말하기를 고래로 강사들은 이 찬송讚頌의 처음 구절은 처소와 사람을 함께 거론한 것이니 천지차계天地此界는 처소이고, 다문실多聞室은 부처님 즉 사람을 찬탄한 것이다.
제 두 번째 구절은 처소를 찬탄한 것이니 서궁천처逝宮天處는 선서善逝의 궁전이며 천중천天中天의 처소이다.
아래 반 게송은 사람 즉 부처님을 찬탄한 것이니 장부우왕丈夫牛王은 부처님이 소의 속눈썹과 같은 모습이 있는 까닭이다. 혹은 위에 반 게송은 처소를 찬탄한 것이니 다문실多聞室은 다문집이라 하고, 아래 반 게송은 사람 즉 부처님을 찬탄한 것이라고도 한다 하였다.

천지산림에 두루 찾아보아도 당신 같은 이가 없습니다 하시며 칠일 칠야를 한 발을 내리지 않고 저사불을 찬탄한 까닭으로 미륵을 뛰어넘어 구겁九劫을 먼저 성불하였다 하니
『지도론』[30] 가운데도 또한 여기에서 말한 것과 같다.
그런 까닭으로 육바라밀을 성만한 것이 앞뒤에 많지 않거니와[31] 지금의 경에서는 낱낱 부처님의 처소에서 세계의 바다에 작은 티끌 수만치 많은 큰 서원을 청정하게 닦았다 하였으니,
하물며 수많은 부처님이며 하물며 수많은 세월(劫)이겠는가.
그런 까닭으로 소문에 맺어 말하기를 위에 삼중을 인유하기에 그런 까닭으로 말하기를 넓고도 깊다고 한다 하였다.

疏

然이나 瑜伽起信等엔 約三乘教에 一方化儀와 一類世界일새 定說三祇어니와 今約一乘에 該通十方과 及樹形等界일새 故云刹海塵數라하니라 是以로 寶雲經言호대 我爲淺識衆生하야 說三僧祇劫修行이나 然이나 我實經無量阿僧祇劫하야 修行이라하니라 又時

---

30 『지도론』 운운한 것은 천상천하 무여불 운운한 것이다.

31 앞뒤에 많지 않다고 한 것은 다만 삼아승지세월에만 수행하고 혹 사위四位에서만 수행한 까닭으로 육도六度를 수행한 것이 앞뒤에 많지 않다 한 것이다. 『잡화기』에 말하기를 이미 다만 삼아승지세월에만 수행한 까닭으로 수행한 때가 앞뒤에 많지 않은 것이다. 혹은 다만 사위에서만 수행한 까닭으로 앞뒤에 많지 않은 것이다 하였다.

無別體하야 依法上立하나니 法旣無盡일새 時亦無窮거니 況念劫圓融이리요 不應剋執이어다

그러나 『유가론』과 『기신론』 등[32]에는 삼승교에 한 방소의 화의化儀와 한 유형의 세계를 잡았기에 결정적으로 삼아승지세월이라고 말하였거니와, 지금에는 일승교에 시방과 그리고 수형樹形 등의 세계를 해통該通[33]함을 잡았기에 그런 까닭으로 세계의 바다에 작은 티끌 수만치 많다[34] 하였다.

이런 까닭으로 『보운경』에 말하기를[35] 내가 천식淺識한 중생을 위하

---

32 『기신론』 등이라고 한 것은 고래로 강사가 말하기를 『기신론』은 실교이며 실불實佛을 잡아 말하였거늘 지금 소문에는 삼승교에 일방一方의 화의化儀를 잡아 말하였으니 곧 이것은 청량스님의 별의別義라 하였다. 역시 『잡화기』의 말이다.

일방의 화의라고 한 것은 여기서는 교화하는 의식과 화의불化儀佛을 포함하고 있다 하겠다.

33 해통該通은 회통會通과는 다르다.

34 그런 까닭으로 세계의 바다에 작은 티끌 수만치 많다고 말한 것은 곧 이미 길고 짧은 것을 결정할 수 없는 까닭으로 시방에 통함을 얻는 것이다. 역시 『잡화기』의 말이다.

35 이런 까닭으로 『보운경』에 말하였다고 한 등은 비록 이런 까닭(是以)이라는 말이 있기는 하지만 앞에 별의別義로 더불어 한 뜻이니 위에 『기신론』 등은 일방一方을 잡아 말한 까닭으로 결정적으로 삼아승지세월이라 말하고, 일방一方에 통하는 까닭으로 찰해刹海에 미진수微塵數라 말하였거니와 지금 『보운경』에는 하천한 근기를 상대한 까닭으로 삼아승지세월이라 말하고, 진실한 공덕을 의지한 까닭으로 찰해에 미진수를 말한 것이다. 역시 『잡화기』의 말이다.

여 삼아승지세월토록 수행하였다고 하였지만 그러나 나는 실로 무량아승지세월을 지나면서 수행하였다고 하였다.
또 시간은 달리 자체가 없어서 법을 의지하여 그 위에 성립하나니 법이 이미 다함이 없기에 시간도 또한 다함이 없거니 하물며 한 생각과 한 세월이 원융함이겠는가. 응당 고집[36]하지 말 것이다.

鈔

然이나 瑜伽下는 二에 隨難別釋이니 卽重釋三祇호대 約三乘一乘以通이라 言該通十方者는 對上一方化儀요 及樹形者는 對上一類世界라 且如娑婆一劫을 方之安養인댄 得爲一日이니 則安養世界는 乃經三無數日耳라 更方袈裟幢刹인댄 未經歲月어든 況於後後以劫으로 爲日之刹耶아 是則不可以此一方一類로 定於成佛時劫之數니라 二에 異類刹者는 卽於一界에 卽具諸界나 互不相見이요 時劫亦殊어니 安知脩短이리요 故朝菌은 不知晦朔거든 況識春秋耶며 況於大椿之歲耶아

그러나 『유가론』이라고 한 아래는 두 번째 비난함을 따라 따로 해석한 것이니,
곧 거듭 삼아승지세월을 해석하되 삼승교와 일승교를 잡아서 통석한

내가 천식한 중생 운운한 것은 위에 『기신론』의 삼승교의 뜻에 비견하고, 그러나 나는 운운한 것은 지금 경의 일승교의 뜻에 비견한 것이다.

36 극집剋執은 이기려고 고집하는 것이다.

것이다.

시방을 해통하였다고 말한 것은 위에 한 방소의 화의化義를 상대한 것이요
그리고 수형이라고 한 것은 위에 한 유형의 세계를 상대한 것이다.
또한 저 사바세계의 한 세월(一劫)을 안양[37]세계에 비교[38]한다면 일일一日이 됨을 얻나니 곧 안양세계는 이에 삼아승지일(日)을 지나는 것이다.
다시 가사당 세계에 비교한다면 아직 일세일월(歲月)에도 지나지 못하거든[39] 하물며 후후後後[40]에 한 세월로써 일일一日을 삼는 세계이겠는가.
이것은 곧 가히 한 방소와 한 유형으로써 성불한 시겁時劫의 수를

---

37 원문에 안락安樂이라고 한 낙樂 자는 양養 자가 좋다. 바로 아래도 양養 자로 되어 있다.

38 원문에 방지方知라고 한 지知 자는 지之 자의 잘못이다.

39 아직 일세일월에도 지나지 못하다고 한 것은, 『잡화기』에 말하기를 안양세계 삼무수일(三無數日: 삼아승지겁)이 가사당 세계에 있어서는 오히려 일세일월에도 지나지 못하나니 이것은 후후가 더욱 긴 시간이 되는 것을 말하는 것이다 하였다. 여래수량품에 사바세계 일겁이 극락세계 일일일야一日一夜이고, 극락세계 일겁이 가사당세계 일일일야이고, 가사당세계 일겁이 불퇴전음성륜세계 일일일야이고, 불퇴전음성륜세계 일겁이 이구세계離垢世界 일일일야라 운운하여 최후세계 일겁이 승연화勝蓮華세계 일일일야라 하고 여래수량품의 말은 끝난다.

40 후후後後란, 화엄華嚴의 시간이다.

결정할 수 없는 것이다.

두 번째 이류異類의 국토는[41] 곧 저 한 세계에[42] 곧 모든 세계를 구족하였지만 서로서로 보지 못하고 시겁도 또한 다르거니 어찌 길고 짧음을 알겠는가. 그런 까닭으로 아침에 났다가 죽는 버섯[43]은 그믐과 초하루를 알지 못하거든 하물며 봄과 가을[44]을 알며 하물며 대춘大椿[45]의 나이를 알겠는가.

---

41 두 번째 이류異類의 국토라고 한 등은 이류의 세계를 잡아 위에 동류의 세계를 상대한 것이니, 두 번째라고 한 것은 위에 시방을 잡아 상대하여 일방을 상대한 것이라고 강사는 말하나 어리석은 나는 이 위에는 동류세계 밖에 있는 바 이류세계를 잡은 것이고, 지금에는 동류세계 안에 구족한 바 이류세계를 잡은 것이기에 그런 까닭으로 두 번째라는 말이 있는 것이다 하겠다. 역시 『잡화기』의 말이다.

42 곧 저 한 세계 운운한 것은, 강사가 말하기를 동류세계 밖에 스스로 나무의 형상 등 이류가 있거니와 그 동류 세계에도 또한 나무의 형상 등 모든 세계가 있어 시분時分이 각각 다르나니 『회현기』 12권 11장과 같다 하였다. 역시 『잡화기』의 말이다.

43 菌은 버섯 균 자이다.

44 그런 까닭으로 아침에 났다가 죽는 버섯이라고 한 것은, 우선 저 아침에 났다가 죽는 버섯은 사바세계의 중생에 비유하고, 그믐과 초하루라고 한 것은 안양세계의 시분에 비유한 것이고, 봄과 가을이라고 한 것은 가사당 세계의 시분에 비유한 것이니, 그 뜻은 내자권柰字卷 중권 2장을 볼 것이다. 역시 『잡화기』의 말이다. 『장자』 소요유 편에 말하기를 아침에 났다가 죽는 버섯은 그믐과 초하루를 알지 못하고, 여름에 매미가 봄과 가을을 알지 못하는 것은 이것은 소년小年이다. 초楚나라 남쪽에 있는 거북은 오백세로 봄을 삼고 오백세로 가을을 삼으며, 상고上古에 대춘大椿 나무는 팔백세로 봄을 삼고 팔백세로 가을을 삼는다 하였다.

寶雲經者는 經云호대 善男子야 菩薩은 不能思議如來境界니라 如來境界는 不可思議나 但爲淺近衆生하야 說三僧祇을 修得菩提언정 而實發心已來로 不可計數 라하니賢首釋云호대 不可計者는 不可計數의 阿僧祇也라하니라 義分齊云호대 始教三祇는 不同小乘하니 小乘은 十十數之요 此는 卽倍倍數之니 仍說百劫을 修相好等이라하니라 智度論에 破此別修相好하고 不許三祇之外別修하니 卽是實教之意니라 然이나 實教之意에 自有二義하니 一은 定三僧祇니 一方化儀故요 又是實佛故라 起信云호대 或示超地하야 速成正覺은 以爲怯弱衆生故요 或說我於無量阿僧祇劫에 當成佛道는 以爲懈慢衆生故니라 能示如是無量方便을 不可思議하나 而實菩薩은 種性根等하며 發心則等하며 所證亦等하야 無有超過之法이니 以一切菩薩은 皆經於三阿僧祇劫故라하니 斯則定也니라 二者는 不定이니 復有二意라 一은 爲通餘類世界故니 如勝天王說이니 卽前樹形等刹이 是요 二는 據佛實德無限故니 如寶雲經이라 若瑜伽說인댄 有二種無數劫하니 一者는 日夜月半月等이니 方便顯時가 無量故요 二者는 如常說이라 若依初義인댄 經無量劫이요 若依後義인댄 但三僧祇이라 然依此釋인댄 不同寶雲하니 不言爲淺近衆生하야 說於大劫하고 爲於深勝하야 說日月劫하니 明知意殊니라 是則瑜伽도 亦是一方에 所宜說耳니라 又時無別體下는 別教一乘의 融攝以說이니 如毘目仙人이 執善財手에 時經多劫하며 處歷無邊하나니 故不可以長短思也니라 若顯超勝인댄 一生頓圓이요 若約甚深인댄 多劫莫究일새 故云不可定執이

---

45 대춘大椿은 화장세계에 비유한 것이다.

라하니 貴在入玄이니라

『보운경』이라고 한 것은 경에 말하기를 선남자야, 보살은 능히 여래의 경계를 사의할 수 없다.
여래의 경계는 가히 사의할 수 없지만 다만 천근한 중생을 위하여 삼아승지세월을 수행하여 보리를 얻었다 말한 것일지언정 실로 발심한 이래로 가히 그 세월의 수를 헤아릴 수 없다 하였으니, 현수법사가 해석하여 말하기를 가히 헤아릴 수 없다고 한 것은 가히 헤아릴 수 없는 수의 아승지세월이다 하였다.
의리분제[46]에 말하기를 시교에서 말하는 삼아승지는 소승교와는 같지 않나니
소승교는 십十·십十으로 헤아리고 이 시교는 곧 배倍·배倍로 헤아리나니 이에 일백세월(百劫)토록 상호相好를 닦았다고 설하는 등이다 하였다.
『지도론』에 여기에 따로 상호를 닦는다는 것을 깨뜨리고 삼아승지세월 밖에 따로 닦는다는 것을 허락하지 않았으니 곧 이것은 실교實教의 뜻이다.[47]
그러나 실교의 뜻에 스스로 두 가지 뜻이 있나니
첫 번째는 삼아승지세월이라고 결정한 것이니
한 방소의 화의불인 까닭이요 또한 실질적 부처님[48]인 까닭이다.

---

46 의리분제義理分齊는 『현담玄談』 의리분제이다.

47 곧 이것은 실교實教의 뜻이라고 한 것은, 말하자면 『지도론』이 이 실교의 뜻이라는 것이다. 역시 『잡화기』의 말이다.

『기신론』에 말하기를 혹 지위를 뛰어넘어 속히 정각을 이룸을 시현한 것은 겁약한 중생을 위한 까닭이요,

혹 내가 무량아승지세월에 마땅히 불도를 이룬다고 말한 것은 해만懈慢한 중생을 위한 까닭이다.

능히 이와 같은 한량없는 방편을 가히 사의할 수 없이 시현하지만 그러나 진실로 보살은 종성種性의 뿌리가 평등하며 발심이 곧 평등하며 증득한 바도 또한 평등하여 초과하는 법이 없나니,

일체 보살은 다 삼아승지세월을 지나는 까닭이다 하였으니

이것이 곧 삼아승지세월이라고 결정한 것이다.

두 번째는 결정할 수 없는 것이니

다시 여기에 두 가지 뜻이 있다.

첫 번째는 나머지 유형의 세계를 해통該通하기 위한 까닭이니

『승천왕경』에 설한 것과 같나니 곧 앞에 수형 등의 세계라고 한 것이 이것이요

두 번째는 부처님의 진실한 공덕이 한이 없음을 의거한 까닭이니

『보운경』과 같다.

만약 『유가론』에 설한 것이라면 두 가지 수없는 세월이 있나니

첫 번째는 일일一日과 일야一夜와 한 달과 반달[49] 등이니

---

48 원문에 實佛은 석가모니를 말한다. 『잡화기』는 실질적 부처님이라 한 것은 화의(化儀佛)가 아님을 가리는 것이니, 곧 이것은 실보성불實報成佛의 뜻이다 하였다.

49 첫 번째는 일일一日과 일야一夜라고 한 등은 짧은 시간을 좇아 긴 시간에 이르는 것이다. 月半이라고 한 것은 한 달의 반이니 곧 이것은 半月로써

방편으로 현시하는 시간이 무량한 까닭이요
두 번째는 보통 설한 것과 같다.
만약 처음의 뜻을 의거한다면 한량없는 세월을 지난다는 것이요
만약 뒤의 뜻을 의거한다면 다만 삼아승지세월만 지난다는 것이다.
그러나 이 『유가론』에 해석한 것을 의거한다면 『보운경』과는 같지 않나니[50]
천근한 중생을 위하여 큰 세월(大劫)을 설하고, 깊고 수승한 중생을 위하여 일월의 세월(日月劫)을 설한 것은 말하지 아니하였나니 분명히 알아라. 뜻이 다른 것이다.
이것은 곧[51] 『유가론』도 역시 한 방소에 마땅한 바를 설한 것일 뿐이다.

반달이다. 이것은 곧 대개 수없는 날로써 수없는 세월을 삼는 등이라 하겠다. 다 『잡화기』의 말이나 나는 月은 한 달, 半은 반달이라 번역하였다.

50 『보운경』과는 같지 않다고 한 것은, 강사가 말하기를 아래 한 개의 보운은 곧 연자衍字이니, 그 뜻에 말하기를 천근 중생을 위하여 큰 세월을 설하고 깊고 수승한 중생을 위하여 일월의 세월을 설한 것은 말하지 아니한 까닭이다 하나 어리석은 나는 그 글자가 있다 해도 무방하다고 보나니, 말하자면 『보운경』은 다만 천식 중생을 위하여 삼아승지세월을 설한 것뿐이다. 그러나 내가 실로 무량아승지세월을 지나 천근 중생을 위하여 큰 세월을 설하고 깊고 수승한 중생을 위하여 일월의 세월을 설한 것은 말하지 아니하였다는 등이라 하니, 이것은 곧 무량아승지세월이 일월의 세월과 다르다는 것이다.

51 이것은 곧이라고 한 것은, 그 뜻에 말하기를 이미 『보운경』에서 설한 바 무량아승지세월이 바야흐로 진실한 이치라 이름하였다면 곧 『유가론』의 아승지세월도 역시 한 방소에 마땅한 바를 따라 설한 것일 뿐이다. 역시 『잡화기』의 말이다.

또 시간은 달리 자체가 없다고 한 아래는 별교 일승의 융섭으로써 설한 것이니,
마치 비목구사 선인이 선재동자의 손을 잡음에 그때에 수많은 세월을 지나며 그곳에서 끝없는 세계를 지남과 같나니,
그런 까닭으로 가히 길고 짧은 것으로써 사의할 수 없는 것이다.
만약 초승超勝을 나타낸다면[52] 일생에도 문득 원만하게 할 것이요
만약 깊고도 깊음을 잡는다면 수많은 세월에도 궁구할 수 없기에
그런 까닭으로 말하기를 가히 결정코 고집하지 말라[53] 하였으니,
귀중한 것은 그 현묘함에 들어가는 데 있는 것이다.

疏

第二에 諸佛子下는 彰果體相者는 植因旣深인댄 果必繁奧리라 然所依刹量이 諸教不同하나니 小乘은 但一娑婆요 三乘은 有大小之化하니 或色究竟爲實하며 或他方에 別有淨邦거니와 今一乘十佛之境은 大小無礙하며 淨穢相融하나니 且依一相하야 說有邊表나 實則一重에도 橫尋無邊거든 況復重重의 塵含法界리요

제 두 번째 모든 불자야라고 한 아래는 과보의 자체상을 밝힌다고[54]

---

52 만약 초승超勝을 나타낸다면이라고 한 아래는 이 『화엄경』의 뜻이다.

53 가히 결정코 고집하지 말라고 한 것은 소문에서는 응당 고집하지 말라고 하였다.

54 과보의 자체상을 밝힌다고 한 것은 영인본 화엄 4책, p.9, 5행에서 말한

한 것은 원인을 심은 것이 이미 깊다면 결과도 반드시 번성하고 깊을 것이다.

그러나 의지하는 바 국토의 수량이 모든 교마다 같지 않나니 소승교는 다만 한 사바세계뿐이요

삼승교는 대·소의 변화가 있나니 혹 색구경천으로 실토實土를 삼으며[55] 혹 타방他方에 따로 정방淨邦이 있다고[56] 하였거니와, 지금에 일승의 십불十佛 경계는 대·소가 걸림이 없으며 정·예가 서로 융합하나니 우선 일상一相[57]을 의지하여 끝이 있다고 말하지만 실은 곧 일중一重의 티끌에도 횡橫으로 찾아보면 끝이 없거든 하물며 다시 중중의 티끌에 법계를 포함하는 것이겠는가.

鈔

然所依刹量下는 第二에 彰其分量이라 言大小之化者는 如梵網經에 周匝千華上에 復現千釋迦는 卽大化也요 一華百億國과 一國一釋迦는 卽小化也니 小化는 唯一四洲요 大化는 總該百億이라 且依一相者는 且依一種義相하야 不壞邊表일새 有蓮華外에 別佛刹海等거니와 實則稱性하야 橫不可尋일새 故云法界無差別이라하니라 若以性

과목이다.

55 혹 색구경천으로 실토實土를 삼는다고 한 것은 상교相敎의 뜻이라고 『잡화기』는 말한다.

56 혹 타방他方에 따로 정방淨邦이 있다고 한 것은 종교의 뜻이라고 『잡화기』는 말한다.

57 일상一相이라고 한 것은 초문에 한 가지 의상(一種義相)이라고 하였다.

融相인댄 則一塵中에 法界無量하리라

그러나 의지하는 바 국토의 수량이라고 한 아래는 두 번째 그 국토의 분량을 밝힌 것이다.
대소의 변화라고 말한 것은 『범망경』에 주잡周匝한 천 개의 연꽃 위에 다시 천 분의 석가를 나타낸다고 한 것과 같은 것은 곧 큰 변화(大化)요
한 개의 연꽃에 백억 국토와 한 국토에 한 분의 석가를 나타낸다고 한 것은 곧 작은 변화(小化)이니,
작은 변화는 오직 한 사주四洲뿐이요 큰 변화는 모두 백억 사주를 해라 하는 것이다.

우선 일상을 의지한다고 한 것은 우선 한 가지 의상義相을 의지하여 끝을 무너뜨리지 않기에 연꽃 밖에 따로 부처님의 국토 바다 등이 있다고 하였거니와 실은 곧 법성에 칭합하여 횡橫으로 가히 찾을 수 없기에 그런 까닭으로 말하기를 법계가 차별이 없다 한 것이다.
만약 자성으로써 모습을 원융하게 한다면 곧 한 티끌 가운데 법계가 끝이 없을 것이다.

疏

然準下別顯인댄 應有十事하니 一은 所依風輪이요 二는 風持香海요 三은 海出蓮華요 四는 華持刹海요 五는 繞臺輪山이요 六은

臺面寶地요 七은 地有香海요 八은 海間香河요 九는 河間樹等이요 十은 總結多嚴이니 今文之中엔 唯闕一河하니라 文且分四하리니 第一은 能持風輪이요 第二는 所持香海요 第三은 海出蓮華요 第四는 華持刹海라

그러나 아래에 따로 나타낸 것을 기준한다면 응당 십사十事가 있나니
첫 번째는 의지하는 바 풍륜이요
두 번째는 풍륜이 향수해를 의지하는 것이요
세 번째는 향수해에 연꽃이 출생하는 것이요
네 번째는 연꽃에 국토의 바다가 의지하는 것이요
다섯 번째는 대륜산이 에워싼 것이요
여섯 번째는 대륜산의 면面이 보배의 땅이요
일곱 번째는 땅에 향수해가 있는 것이요
여덟 번째는 향수해 사이에 향하가 있는 것이요
아홉 번째는 향하 사이에 나무 등이 있는 것이요
열 번째는 수많은 장엄을 모두 맺는 것이니
지금의 경문 가운데는 오직 한 향하가 빠졌다.
문장을 우선 네 가지로 분류하리니
첫 번째는 능지能持의 풍륜이요
제 두 번째는 소지所持의 향수해요
제 세 번째는 향수해에 연꽃이 출생하는 것이요
제 네 번째는 연꽃에 국토의 바다가 의지하는 것이다.

鈔

應有十事者는 以文廣釋十事故요 此中長行은 略標列故라 是以古德이 一品之中에 先分土因하고 就果相中하야 卽分十段거니와 今不依者는 以下六事는 各有長行偈頌이나 而前四事는 同一長行하나니 故科十段이 於文不便일새 先科爲三하고 於第一華藏自體의 長行之內에 方分爲四耳니라

응당 십사가 있다고 한 것은 경문으로써 널리 십사를 해석한 까닭이요
이 가운데 장행문은 간략하게 수數를 표하고 이름을 열거한 까닭이다.
이런 까닭으로 고덕古德이 한 품 가운데 먼저 국토의 원인을 분류하고 과상果相 가운데 나아가서 곧 십단으로 분류하였거니와 지금에 그것을 의지하지 아니한 것은, 아래에 육사六事는 각각 장행문과 게송문이 있지만 그러나 앞에 사사四事는 장행문과 동일하나니[58]
그런 까닭으로 십단으로 과목하는 것이 경문에 편리하지 않기에 먼저 과목을 세 가지로 하고 제일에 화장세계 자체의 장행문 가운데 바야흐로 나누어 네 가지로 하였다.

58 장행문과 동일하다고 한 것은, 『잡화기』에 그윽이 한 게송과 같다 하였다.

疏

然其刹因이 有其總別은 已見上文거니와 爲顯別義하야 且明一因이 成於一果라

그러나 그 국토의 원인이 그 총과 별이 있는 것은 이미 상문上文에 나타내었거니와 별別의 뜻을 나타내기 위하여[59] 우선 하나의 원인이 하나의 결과를 이룸을 밝힌 것이다.

鈔

已見上文者는 卽起具因緣中이라 通義易知일새 故示別相이라

이미 상문에 나타났다고 한 것은 곧 세계성취품 기구 인연 가운데를 말하는 것이다.
통의通義는 쉽게 알 수 있기에 그런 까닭으로 별상別相의 뜻만을 시현하였다.

59 별別의 뜻을 나타내기 위하여 운운한 것은 앞에서 앞의 품은 모든 부처님 국토의 바다를 한꺼번에 밝힌다 하였고, 지금에 이 품은 본사의 장엄하는 바를 따로 밝힌다 하였다.

經

諸佛子야 此華藏莊嚴世界海가 有須彌山微塵數風輪所持니라

모든 불자여, 이 화장장엄세계의 바다가 수미산 미진수 풍륜이 있어서 주지住持하는 바입니다.

疏

今初에 風輪之因이 卽大願等이니 亦如前釋하니라 於中文三이니 初는 總標數요 二는 略列名이요 三은 別擧最上이라

지금 처음으로 풍륜의 원인이 곧 큰 서원 등이니
또한 앞에서 해석한 것[60]과 같다.
그 가운데 문장이 셋이 있나니
처음에는 한꺼번에 수를 표한 것이요
두 번째는 간략하게 이름을 열거한 것이요
세 번째는 따로 최상을 열거한 것이다.

---

60 앞에서 해석한 것이라고 한 것은 영인본 화엄 4책, p.7, 8행에 있다.

經

其最下風輪은 名平等住니 能持其上에 一切寶焰이 熾然莊嚴하며 次上風輪은 名出生種種寶莊嚴이니 能持其上에 淨光照耀하는 摩尼王幢하며 次上風輪은 名寶威德이니 能持其上에 一切寶鈴하며 次上風輪은 名平等焰이니 能持其上에 日光明相의 摩尼王輪하며 次上風輪은 名種種普莊嚴이니 能持其上에 光明輪華하며 次上風輪은 名普清淨이니 能持其上에 一切華焰師子座하며 次上風輪은 名聲遍十方이니 能持其上에 一切珠王幢하며 次上風輪은 名一切寶光明이니 能持其上에 一切摩尼王樹華하며 次上風輪은 名速疾普持이니 能持其上에 一切香摩尼須彌雲하며 次上風輪은 名種種宮殿遊行이니 能持其上에 一切寶色香臺雲이니라

그 최고 아래에 풍륜은 이름이 평등하게 머무는 것이니
능히 그 위에 일체 보배 불꽃이 치연하는 장엄을 주지住持하며
그 다음 위에 풍륜은 이름이 가지가지 보배 장엄을 출생하는 것이니
능히 그 위에 청정한 광명이 비치는 마니왕의 당기를 주지하며
그 다음 위에 풍륜은 이름이 보배 위덕이니
능히 그 위에 일체 보배 요령을 주지하며
그 다음 위에 풍륜은 이름이 평등한 광명 불꽃이니
능히 그 위에 태양 광명 모습의 마니왕 바퀴를 주지하며
그 다음 위에 풍륜은 이름이 가지가지로 널리 장엄하는 것이니

능히 그 위에 광명의 바퀴 꽃을 주지하며
그 다음 위에 풍륜은 이름이 널리 청정한 것이니
능히 그 위에 일체 꽃불 사자의 자리를 주지하며
그 다음 위에 풍륜은 이름이 소리가 시방에 두루하는 것이니
능히 그 위에 일체 여의주왕의 당기를 주지하며
그 다음 위에 풍륜은 이름이 일체 보배 광명이니
능히 그 위에 일체 마니왕의 나무 꽃을 주지하며
그 다음 위에 풍륜은 이름이 빠르게 널리 섭지하는 것이니
능히 그 위에 일체 향기 나는 마니 수미산의 구름을 주지하며
그 다음 위에 풍륜은 이름이 가지가지 궁전에 유행하는 것이니
능히 그 위에 일체 보배 색향꽃대臺의 구름을 주지하였습니다.

疏

列中名平等住者는 一은 遍持諸位故요 二는 稱實性故요 餘名可知라 風並在下하고 寶在臺面하니 以力遙持니라

이름을 열거하는 가운데 이름이 평등하게 머무는 것이라고 한 것은
첫 번째는 모든 지위를 두루 주지하는 까닭이요
두 번째는 진실한 자성에 칭합하는 까닭이요
나머지 이름은 가히 알 수가 있을 것이다.

풍륜[61]은 아울러 화장세계 제일 아래에 있고 보배 장엄은 대면臺面[62]

에 있나니
풍력으로써 멀리까지 주지하는 것이다.

鈔

以力遙持者는 古有二釋하니 一은 云一重風輪이 持一重物이요 疏는 以出現品中에 有十風輪하야 持欲色等이니 皆是遙持일새 故今案定이라

풍력으로써 멀리까지 주지한다고 한 것은 옛날에 두 가지 해석이 있나니
첫 번째는 말하기를 일중一重의 풍륜이 일중의 물物을 주지하는 것이요
두 번째 소가疏家는[63] 출현품 가운데 열 가지 풍륜이 있어서 욕계·색계 등을 주지하나니,
다 이것은 멀리까지 주지하는 것이기에 그런 까닭으로 지금에 안찰

61 풍륜이라고 한 것은 삼륜의 하나이니 이 세계 제일 아래에 풍륜風輪이 있고, 그 다음에 수륜水輪이 있고, 그 다음에 금륜金輪이 있고, 그 다음에 구산九山, 팔해八海가 있다.

62 대면臺面이라고 한 것은 큰 연꽃(大蓮華)의 사면四面이니 이 아래 영인본 화엄 4책, p.23, 2행에 대臺를 꽃대라고 해석하였다.

63 두 번째 소가疏家 운운은 이미 두 가지 해석을 표하였지만, 그러나 다만 한 가지 해석만 설출한 것은 그 뜻이 지금 소문에 인용한 바가 곧 그 한 가지 해석임을 나타내는 것이다. 역시 『잡화기』의 말이다.

하여 결정하였다.[64]

64 그런 까닭으로 지금에 안찰하여 결정하였다고 한 것은 즉 소가疏家는 첫 번째 일중의 물物을 주지하는 것이 아니라 두 번째 멀리까지 주지하는 그 뜻을 취하여 풍륜은 아울러 화장세계 제일 아래에 있고, 보배 장엄은 대면에 있다고 하였다는 것이다.

經

諸佛子야 彼須彌山微塵數風輪에 最在上者는 名殊勝威光藏

모든 불자여, 저 수미산 미진수 풍륜에 최고 위에 있는 것은 이름이 수승한 위력광명의 창고이니

疏

三에 擧最上者는 勝力이 能持香海일새 故立其名이라

세 번째 최고 위에 있는 것을 거론한 것은 수승한 위력이 능히 향수해를 주지하기에 그런 까닭으로 그 이름을 세운 것이다.

經

能持普光摩尼로 莊嚴香水海하니라

능히 넓은 광명 마니로 장엄한 향수해를 주지하였습니다.

疏

第二에 能持下는 所持香海이니 以摩尼發光하야 普照一切嚴海底岸과 及寶色香水일새 故立此名하니라 又藏識名海니 具德深廣故요 流注名水니 刹那性故라 又佛性名水요 遠熏名香이니 聞未證故라 涅槃亦云호대 有人聞香이라하니라

제 두 번째 능히 주지한다고 한 아래는 주지할 바(所持) 향수해이니 마니가 빛을 일으켜 널리 일체 장엄한 바다 밑과 언덕과 그리고 보배 색향의 물을 비추기에 그런 까닭으로 이 이름을 세운 것이다.

또 장식藏識이 이름이 바다(海)이니 덕이 깊고도 넓은 것을 갖춘 까닭이요
유주流注가 이름이 수水이니 찰나성刹那性[65]인 까닭이다.
또 불성이 이름이 수水요, 멀리서 맡는 것이 이름이 향香이니 불성을 들었지만 아직 증득하지 못한 까닭이다.[66]

---

65 찰나성刹那性이라고 한 것은 자성이 찰나인 까닭이다.

66 불성을 들었지만 아직 증득하지 못한 까닭이라고 한 것은 고래로 강사가

『열반경』에 또 말하기를 어떤 사람이 향기를 맡는다 하였다.

鈔

又佛性名水下는 約通生佛이니 佛性은 卽是眞法性故라 故此品初에 海表三義어니와 今擧其二하고 略不說悲하니라 涅槃亦云호대 有人聞香은 卽第七經이니 至問明品하야 當具引之리라

또 불성이 이름이 수水라고 한 아래는 중생과 부처에 통함을 잡는 것이니 불성은 곧 이 참 법성인 까닭이다.
그런 까닭으로 이 품 초에 바다(海)가 세 가지 뜻이 있다고 표하였거니와, 지금에는 그 두 가지만 거론하고 대비의 바다[67]는 생략하고 설하지 아니하였다.

『열반경』에 또한 말하기를 어떤 사람이 향기를 맡는다고 한 것은 곧 제칠경이니,
문명품에 이르러 마땅히 갖추어 인용하겠다.

불성이 있다고 들었지만 아직 증득하지 못한 것이 마치 멀리 향기를 맡았지만 아직 그 본질을 보지 못한 것과 같다 하였다. 이상은 역시 『잡화기』의 말이다.

67 비悲라고 한 것은 앞에서 말한 대비의 바다이다. 영인본 화엄 4책, p.7, 9행에 있다.

經

此香水海에 有大蓮華하니 名種種光明蘂香幢이라

이 향수해에 큰 연꽃이 있나니
이름이 가지가지 광명 나는 꽃술 향기 당기입니다.

疏

第三에 此香水下는 所出蓮華蘂에 放異光하고 又發勝香하며 高出降伏일새 故立此名이라 又所發萬行이 一一覺性일새 故曰光明이요 皆能普熏일새 卽香義也라

제 세 번째 이 향수해라고 한 아래는 출생한 바 연꽃의 꽃술에서 기이한 광명을 놓고 또 수승한 향기를 일으키며 높이 솟아나 항복하게 하기에 그런 까닭으로 이 이름을 세운 것이다.

또 일으킨 바 만행이 낱낱이 자성을 깨닫게 하기에 그런 까닭으로 말하기를 광명이라 하고, 다 능히 널리 맡게 하기에 곧 향기의 뜻[68]이라 하는 것이다.

---

68 원문에 의義는 당幢 자가 아닌가 의심한다. 당幢 자라면 향기의 당기라 번역할 것이다. 그러나 뒤의 게송에는 석향의釋香義라 하였다. 영인본 화엄 4책, p.28, 4행에 있다.

鈔

又所發萬行下는 上約事釋이요 此約表法이니 但通相表行거니와 若別說者인댄 略示十德하야 表於十度니 一에 開敷鮮榮은 以表施度요 二에 自性無染은 以表戒度요 三은 香氣芬馥이요 四는 寶莖堅固요 五는 寶葉扶疎요 六은 寶蘂光幢이요 七은 相巧成就요 八은 含藏蓮子요 九는 寶臺堅住요 十은 普放光明이니 下八은 如次顯於八度니라

또 일으킨 바 만행이라고 한 아래는 이 위에는 사실을 잡아 해석한 것이요
여기는 법을 표함을 잡은 것이니 다만 통상通相으로 만행을 표하였거니와, 만약 별상別相으로 말한다면 간략하게 십덕을 시현하여 십바라밀을 표할 것이니
첫 번째 꽃이 핌에 곱고 번성한 것은 보시바라밀을 표한 것이요
두 번째 자성이 물듦이 없는 것은 지계바라밀을 표한 것이요
세 번째는 향기가 나는[69] 것이요
네 번째는 보배 줄기가 견고한[70] 것이요
다섯 번째는 보배 잎이 무성한[71] 것이요

---

69 향기가 난다고 한 것은 인욕을 표한 것이니 분복芬馥이라고 한 것은 인욕에 유화의 향기가 있는 까닭이다.

70 보배 줄기가 견고하다고 한 것은 정진을 표한 것이다.

71 보배 잎이 무성하다고 한 것은 선정을 표한 것이니 무성(扶疏)하다고 한 것은 선정에 시끄럽고 잡다한 동요가 없는 까닭으로 무성하다고 하는 것이라고 『잡화기』는 말한다.

여섯 번째는 보배 꽃술에 광명의 당기[72]요
일곱 번째는 연꽃의 모습이 교묘함을 성취한[73] 것이요
여덟 번째는 연밥을 감추고 있는[74] 것이요
아홉 번째는 보배 꽃대가 견고하게 주지하는[75] 것이요
열 번째는 널리 광명을 놓는[76] 것이니,
아래에 여덟 가지는 차례와 같이 여덟 바라밀을 나타낸 것이다.

---

72 보배 꽃술에 광명의 당기라고 한 것은 지혜를 표한 것이다.

73 연꽃의 모습이 교묘함을 성취했다고 한 것은 방편方便을 표한 것이다.

74 연밥을 감추고 있다고 한 것은 원願을 표한 것이다.

75 보배 꽃대가 견고하게 주지한다고 한 것은 역力을 표한 것이다.

76 널리 광명을 놓는다고 한 것은 지智를 표한 것이다.

經

華藏莊嚴世界海가 住在其中호대 四方均平하며 淸淨堅固하야 金剛輪山이 周匝圍遶하며 地海衆樹가 各有區別하니라

화장장엄세계의 바다가 그 가운데 주지하여 있으되 사방이 고르고 평탄하며
청정하고 견고하여 금강륜산이 두루 돌아 에워쌌으며
땅과 바다와 수많은 나무가 각각 구별이 있습니다.

疏

第四에 華藏下는 所持刹海니 四方均平은 總顯形相이요 淸淨堅固는 彰其體性이요 金剛圍等은 別明所有니 卽下別顯에 此爲其本이라 一山二地요 三海四樹니 各別區分은 卽總顯多嚴이니 但闕一河라 以下에 有別顯일새 故此略明하고 下亦略頌하니라

제 네 번째 화장장엄세계의 바다라고 한 아래는 주지하는 바 세계의 바다이니
사방이 고르고 평탄하다고 한 것은 모두 그 세계의 형상을 나타낸 것이요
청정하고 견고하다고 한 것은 그 세계의 자체성을 밝힌 것이요
금강륜산이 에워쌌다고 한 등은 따로 소유를 밝힌 것이니,
곧 아래 따로 나타냄(別顯)[77]에 이것이 그 근본이 되는 것이다.

첫 번째는 산이요,

두 번째는 땅이요,

세 번째는 바다요,

네 번째는 나무이니

각각 다르게 구분한 것은 곧 수많은 장엄을 한꺼번에 나타낸(總顯) 것이니 다만 한 냇물(一河)만 빠졌다.[78]

이 아래에 따로 나타낸(別顯) 것이 있기에 그런 까닭으로 여기[79]에서도 간략하게 밝히고 아래[80]에서도 또한 간략하게 읊었다.

---

77 아래 따로 나타낸다고 한 것은 영인본 화엄 4책, p.29, 7행에 제 두 번째 안립하여 편 장엄(安布莊嚴)을 따로 나타낸다 한 것이다.

78 한 냇물(一河)만 빠졌다고 한 것은 앞서 영인본 화엄 4책, p.18, 5행엔 오직 한 항하(一河)가 빠졌다고 번역하였다.

79 여기란, 장행문이다.

80 아래란, 게송문이다.

經

是時에 普賢菩薩이 欲重宣其義하야 承佛神力하야 觀察十方하고 而說頌言호대

世尊往昔於諸有에 微塵佛所修淨業일새
故獲種種寶光明의 華藏莊嚴世界海니이다

廣大悲雲遍一切하사 捨身無量等刹塵하나니
以昔劫海修行力으로 今此世界無諸垢니이다

이때에 보현보살이 거듭 그 뜻을 선설하고자 하여 부처님의 위신력을 받아 시방을 관찰하고 게송을 설하여 말하기를

세존이 지나간 옛날 삼유(諸有)에
작은 티끌 수만치 많은 부처님의 처소에서 청정한 업을 닦았기에
그런 까닭으로 가지가지 보배 광명의
화장장엄세계의 바다를 얻었습니다.

광대한 자비의 구름이 일체처에 두루하여
몸을 버린 것이 한량없기가 세계 티끌 수와 같나니
옛날 수많은 세월의 바다에서 수행한 힘으로써
지금의 이 세계가 모든 때가 없습니다.

疏

第二는 偈라 於中에 然長行偈頌이 有十例五對하니 謂有無廣略과 離合先後가 爲八이요 九는 或超間이요 十은 或頌已重頌이라 故釋頌文이 不可一例니 上下準之니라

此文이 略有四例하니 一에 宿因現緣은 經離頌合이라

두 번째는 게송이다.

그 가운데 그러나 장행과 게송이 십례十例에 오대五對가 있나니 말하자면 유有·무無와 광廣·략略과 이離·합合[81]과 선先·후後가 팔八이 되는 것이요

아홉 번째는 혹 초超·간間[82]이요

열 번째는 혹 송頌·중송重頌이다.

그런 까닭으로 게송문을 해석한 것이 가히 한 예例가 아니니 상·하에 이것을 기준할 것이다.

여기 경문이 간략하게 사례四例[83]가 있나니

첫 번째 숙세의 원인과 현재의 초연은 경[84]에는 분리하였고, 게송에

81 이離·합合이라고 한 이離는 숙세 원인과 현재 조연을 분리하였다는 것이고, 합合은 숙세 원인과 현재 조연을 합하였다는 것이다.

82 초超·간間이라고 한 초超는 차례를 뛰어넘었다는 것이고, 간間은 차례가 간격이 있다는 것이다.

83 例 자는 아래 초문을 기준한즉 이것은 연자衍字라고 『잡화기』는 말한다.

84 경이란, 장행문이다.

는 합하였다.

鈔

一에 宿因現緣者는 此中에 名長行爲經은 以取長行綴葺과 略說所應說義인 別相修多羅故라 言經離者는 宿因은 卽前顯因深廣이요 現緣은 卽前風持香海等이니 此二離明이라 言頌合者는 初偈는 頌總이니 前半은 宿因이요 後半은 現緣이라 第二偈는 三句는 宿因이요 第四句는 是現緣故라

첫 번째 숙세의 원인과 현재의 조연이라고 한 것은, 이 가운데 장행을 경이라 이름한 것은 장행에 연이어 겹친 것과 응당 설할 바 뜻을 간략하게 설한 별상別相의 수다라를 취한[85] 까닭이다.

경에는 분리하였다고 말한 것은 숙세의 원인은 곧 앞에 원인이 깊고도 넓다고 한 것을 나타낸 것이요
현재의 조연은 앞에 풍륜이 향수해를 주지했다는 등이니
이 두 가지는 분리함을 밝힌 것이다.
게송에는 합하였다고 말한 것은 처음에 게송은 총현을 읊은 것이니

---

85 취한다고 한 등은, 그 뜻에 말하기를 게송이 비록 또한 경이지만 十二分敎로 말하면 곧 게송은 스스로 응송應頌이라 하고 계경契經이라 이름하지 않거니와, 그 장행에 설한 바를 간략하게 설한 것은 곧 이미 나머지 十一分敎의 섭수하지 못한 바이다. 도리어 다시 계경에 섭수되어 있는 까닭으로 여기에 장행으로써 경이라 이름하는 것이다. 이상은 역시 『잡화기』의 말이다.

앞에 반 게송은 숙세의 원인이요,
뒤에 반 게송은 현재의 조연이다.[86]
제 두 번째 게송은 앞에 삼구는 숙세의 원인이요,
제사구는 이 현재의 조연[87]인 까닭이다.

疏

二에 所成果相은 經略頌廣이라

두 번째 이룬 바 과상果相은 경에는 약설하였고, 게송에는 광설하였다.

鈔

二에 所成果相者는 長行云호대 華藏世界海가 住在其中者는 卽所成果相이니 此文則略이요 以十偈之內에 皆有果相일새 故云頌廣이라 하니라

---

86 뒤에 반 게송은 현재의 조연이라고 한 것은 그 뜻이 위에 구절을 취한 까닭이다.

87 제사구는 이 현재의 조연이라고 한 것은 그 뜻이 모든 때가 없다(영인본 화엄 4책, p.24, 5행)고 한 것을 취한 까닭이니, 말하자면 저 모든 때가 없다고 한 것을 반연한 까닭으로 이 화장세계를 나타내는 것이니 이것은 곧 다만 과보의 분상만 취하여 뜻으로 조연이 되는 것을 취한 것이다. 이 조연이 과보 앞에 있는 것이 아니니 생각할 것이다. 역시 『잡화기』의 말이다.

두 번째 이룬 바 과상이라고 한 것은 장행에 말하기를 화장장엄세계의 바다가 그 가운데 주지하여 있다고 한 것은 곧 이룬 바 과상이니 이 장행문은 곧 약설한 것이요,
십게十偈 안에 다 과상이 있기에 그런 까닭으로 말하기를 게송에는 광설하였다고 한 것이다.

疏

三에 現緣風輪은 經廣頌略이라

세 번째 현재의 조연인 풍륜은 경에는 광설하였고, 게송에는 약설하였다.

鈔

三에 現緣風輪者는 經列十種風輪하고 偈中但云호대 風力所持無動搖라하니라

세 번째 현재의 조연인 풍륜이라고 한 것은 경에는 열 가지 풍륜을 열거하였고, 게송 가운데는 다만 말하기를 풍력으로 주지住持하여 동요가 없는 바라[88]고만 하였다.

---

88 원문에 이耳 자는 없는 것이 좋다.

疏

四에 山地海樹는 經有頌無라

네 번째 산과 땅과 바다와 나무는 경에는 있고 게송에는 없다.

鈔

四에 山地海樹者는 長行云호대 金剛輪山이 周匝圍繞하며 地海衆樹가 各有區別이라하니 此經有也오 頌無可知라 上言有四者는 但有四例하니 唯廣略一種이 乃成一對요 離合有無는 但成一例耳니라 若成對者인댄 應須經合頌離하며 經無頌有하야사 方成三對리라 餘四例二對는 此中則無하고 下頌則有라

네 번째 산과 땅과 바다와 나무라고 한 것은 장행에 말하기를 금강륜산이 두루 돌아 에워쌌으며 땅과 바다와 수많은 나무가 각각 구별이 있다 하였으니,
이것은 경에는 있고 게송에는 없나니 가히 알 수가 있을 것이다.

위에서 사례四例가 있다고 말한 것은 다만 사례만 있을 뿐이니 오직 광·략의 한 가지만 이에 일대一對를 이루고, 이·합과 유·무는 다만 일례一例를 이룰 뿐이다.[89]

---

89 다만 일례를 이룰 뿐이라고 한 등은, 유무와 이합은 다 다만 한 짝인즉 각각 다만 일례를 이룰 뿐 각각 일대가 됨을 얻을 수는 없는 것이라고 『잡화

만약 대對를 이루고자 한다면 응당 반드시 경에는 합하였고 게송에는 분리하였으며, 경에는 없고 게송에는 있다고 하여야 바야흐로 삼대三對를 이루게 될 것이다.
나머지 사례四例에 이대二對는 이 가운데는 곧 없고 아래 게송에는 곧 있다.

疏

十偈分二하리라 初二는 頌上因相이니 卽辯因招果라

열 가지 게송을 두 가지로 분류하겠다.
처음에 두 가지 게송은 위에 원인의 모습[90]을 읊은 것이니 곧 원인으로 과보를 초래함을 분별한 것이다.

기』는 말한다.

90 위에 원인의 모습이라고 한 것은 위에 영인본 화엄 4책, p.9에 인과 자체이다.

經

放大光明遍住空호대 風力所持無動搖니이다

佛藏摩尼普嚴飾호대 如來願力令清淨케하며
普散摩尼妙藏華호대 以昔願力空中住니이다

큰 광명을 놓아 두루 허공에 주지하되
풍력으로 주지하여 동요가 없는 바입니다.

부처님의 창고에 마니로 널리 장엄하여 꾸미되
여래의 원력으로 하여금 청정케 하며
널리 마니로 묘하게 갈무리한 꽃을 흩되
옛날에 원력으로써 허공 가운데 머뭅니다.

疏

餘는 頌果相이라 於中分四하리니 初一偈半은 頌風輪이니 皆上句所持요 下句能持라 初半偈는 以果持果요 後偈는 兼明能成之因이니 前半離障이니 願令清淨故요 後半無礙니 願依空住故라

나머지 게송은 위에 과보의 모습을 읊은 것이다.
그 가운데 네 가지로 분류하리니
처음에 한 게송 반은 열 가지 풍륜을 읊은 것이니

다 위에 구절은 소지所持요,

아래 구절은 능지能持다.[91]

처음에 반 게송은 과보로써 과보에 주지한 것이요

뒤에 한 게송은 능히 이루는 원인도 겸하여 밝힌 것이니

앞에 반 게송은 장애를 떠난 것이니

서원으로 하여금 청정케 하는 까닭이요,

뒤에 반 게송은 걸림이 없는 것이니

서원으로 허공에 의지하여 머무는 까닭이다.

---

91 아래 구절은 능지라고 한 것은, 진실인즉 중간의 반 게송에 아래 구절(如來願力令清淨)은 다만 하여금 청정케 할 뿐이지만 통설을 따른 까닭으로 모두 아래 구절은 능지라고 한 까닭이다. 혹은 가히 이미 원력이 있은즉 유독 하여금 청정케 할 뿐만 아니라 또 반드시 능지하는 까닭이다. 역시 『잡화기』의 말이다.

經

種種堅固莊嚴海에 光雲垂布滿十方하며
諸摩尼中菩薩雲이 普詣十方光熾然하니다

가지가지 견고한 장엄의 바다에
광명의 구름이 내려 펼쳐져 시방에 가득하며
모든 마니 가운데 보살의 구름이
널리 시방에 나아감에 광명이 치연합니다.

疏

二에 有一偈는 頌香海니 尋此了名이라

두 번째 한 게송이 있는 것은 향수해를 읊은 것이니
이 향수해를 찾아보면 향수해의 이름[92]을 알 수 있을 것이다.

---

92 원문에 심차尋此라 한 차此 자는 향수해를 가리키는 것이고, 요명了名이라 한 명名 자는 보광마니장엄향수해를 가리키는 것이다.

經

光焰成輪妙華飾하야 法界周流靡不遍이니다

一切寶中放淨光하니 其光普照衆生海와
十方國土皆周遍하야 咸令出苦向菩提케하니다

寶中佛數等衆生하야 從其毛孔出化形하시니
梵主帝釋輪王等과 一切衆生及諸佛이니다

化現光明等法界어늘 光中演說諸佛名하며
種種方便示調伏하야 普應群心無不盡케하니다

광명의 불꽃으로 바퀴를 이루고 묘한 꽃으로 꾸며
법계에 두루 유출하여 두루하지 아니함이 없습니다.

일체 보배 가운데 청정한 광명을 놓으니
그 광명이 널리 중생의 바다와
시방의 국토를 비추어 다 두루하여
다 하여금 고통을 벗어나 보리를 향하게 합니다.

보배 가운데 부처님의 수를 중생과 같이 하여
그 털구멍으로 좇아 화신불의 모습으로 출생하시니

범천주와 제석천왕과 전륜왕 등과
일체중생과 그리고 모든 부처님입니다.

화현한 광명이 법계와 같거늘
광명 가운데 모든 부처님의 명호를 연설하며
가지가지 방편으로 중생을 조복함을 보여
널리 중생의 마음에 응하여 다함이 없게 합니다.

疏

三에 有三頌半은 頌蓮華라 初一偈半은 釋種種光明蘂니 則顯此華가 以寶爲體요 次一偈는 釋香義니 就法하야 以明寶中出佛하고 佛出世主니 如從質發香하야 遠熏之義요 後一은 釋幢義니 演佛은 是高出義요 調生은 是摧伏義라

세 번째 세 가지 게송 반이 있는 것은 연꽃을 읊은 것이다.
처음에 한 게송 반은 가지가지 광명의 꽃술을 읊은 것이니
곧 이 꽃이 보배로써 자체가 됨을 나타낸 것이요
다음에 한 게송은 향기의 뜻을 해석한 것이니
법에 나아가 보배 가운데 부처님이 출생하고 부처님이 세주들을 출생함을 밝힌 것이니
마치 꽃술을 좇아 향기를 발하여 멀리까지 맡게 한다는 뜻과 같은 것이요

뒤에 한 게송은 당기의 뜻을 해석한 것이니
부처님의 명호를 연설하였다고 한 것은 높이 벗어났다는 뜻이요
중생을 조복하였다고 한 것은 꺾어 조복하였다는 뜻이다.

經

華藏世界所有塵의 一一塵中見法界에
寶光現佛如雲集하나니 此是如來刹自在이니다

廣大願雲周法界하야 於一切劫化群生하시고
普賢智地行悉成할새 所有莊嚴從此出이니다

화장세계에 있는 바 티끌의
낱낱 티끌 가운데 법계를 봄에
보배 광명에 부처님이 나타나심이 구름이 모이는 것과 같나니
이것은 여래가 국토에 자재하신 것입니다.

광대한 서원의 구름을 법계에 두루하게 하여
일체 세월에 중생을 교화하시고
보현의 지혜의 땅에 행을 다 성취하였기에
있는 바 장엄이 이로 좇아 나오는 것입니다.

疏

四에 有二頌은 明刹自在니 總頌上所持刹海라 初偈自在는 一一稱性故니 卽同時具足相應門也라 心塵準思니라 寶光現佛者는 依正互融故라 後偈는 結歸普因이니 故能含攝이라

네 번째 두 게송이 있는 것은 국토에 자재함을 밝힌 것이니
위에 주지한 바 국토의 바다를 한꺼번에 읊은 것이다.
처음 게송에 자재라고 한 것은 낱낱이 자성을 칭합한 까닭이니
곧 동시구족상응문이다.
심진心塵은 이것을 기준하여 생각할 것이다.
보배 광명에 부처님이 나타난다고 한 것은 의보와 정보가 서로
융합한 까닭이다.
뒤에 게송은 보현의 인행에 귀결한 것이니
그런 까닭으로 능히 함섭한 것이다.

經

爾時에 普賢菩薩이 復告大衆言호대 諸佛子야 此華藏莊嚴世界海에 大輪圍山은 住日珠王蓮華之上하야

그때에 보현보살이 다시 대중에게 일러 말하기를 모든 불자여, 이 화장장엄세계의 바다에 대륜위산은 일주왕日珠王[93] 같은 연꽃 위에 주지하여

疏

第二는 別顯安布莊嚴이라 文分爲六하리니 第一은 四周輪山이요 二는 寶地요 三은 香海요 四는 香河요 五는 樹林이요 六은 總結이니 各別有偈라 今初輪山은 則淸淨戒德이니 內攝外防之所成也라 長行中三이니 初는 總擧所依요 二에 栴檀下는 別顯體相이요 三에 如是下는 結德無盡이라 今初는 山所依處니 卽地面四周라 日珠王者는 所依處地니 故舊經云호대 依蓮華日寶王地住라하니라 亦有言호대 大華之上에 別有此蓮하야 爲山所依라하니 義似不順이라 所以地受此名者는 前華名種種光明蘂라하고 偈中云호대 光焰成輪이라하며 又云호대 一切寶中에 放淨光明이라하니 知此華가 以寶爲體리라 是則如日輪之珠王으로 爲蓮華也니 斯卽總華之稱이라

93 일주왕日珠王이라고 한 것은 태양을 말한다.

제 두 번째는 안립하여 편 장엄을 따로 나타낸 것이다.
경문을 분류하여 여섯 가지로 하리니
첫 번째는 사륜위산이요
두 번째는 보배의 땅이요
세 번째는 향수해요
네 번째는 향수하河요
다섯 번째는 수림樹林이요
여섯 번째는 모두 맺는 것이니,[94] 육단에 각각 따로 게송이 있다.
지금은 처음으로 윤위산은 곧[95] 청정한 계덕戒德이니
안으로 섭지攝持하고 밖으로 막음으로 이룬 바이다.

장행문 가운데 세 가지가 있나니
처음에는 의지할 바를 한꺼번에 거론한 것이요
두 번째 전단 마니라고 한 아래는 자체의 모습을 따로 나타낸 것이요
세 번째 이와 같은 등이라고 한 아래는 공덕이 끝이 없음을 맺는 것이다.
지금 처음으로 윤위산의 의지할 바 처소이니
곧 지면地面의 사주四周[96]이다.

---

94 여섯 번째는 모두 맺는 것이라고 한 것은 아래 영인본 화엄 4책, p.64, 1행에는 장엄을 모두 맺는다고 하였다.

95 則 자 아래에 是本師라는 세 자가 있어야 한다고 한다. 『잡화기』에서의 말이다.

96 사주四周는 사방이다.

일주왕이라고 한 것은 의지할 바 처소의 땅이니
그런 까닭으로 구경舊經에 말하기를 연꽃 같은 일보왕日寶王의 땅을 의지하여 주지住持한다 하였다.
또한 어떤 사람이 말하기를 큰 연꽃 위에 달리 이 연꽃이 있어서 윤위산의 의지하는 바가 된다 하였으니
뜻이 같은 듯하지만 순응하지는 않는다.

땅이 이 이름을 받은 까닭은 앞[97]에서 꽃의 이름을 가지가지 광명의 꽃술이라 하였고, 게송 가운데 말하기를 광명의 불꽃으로 바퀴를 이룬다 하였으며, 또 말하기를 일체 보배 가운데 청정한 광명을 놓는다 하였으니
이 연꽃이 보배로써 자체를 삼은 것인 줄 알아야 할 것이다.
이것은 태양(日輪)과 같은 마니주왕으로 연꽃을 삼은 것이니
이것은 곧 모든 연꽃의 총칭이다.

97 앞이라고 한 것은 영인본 화엄 4책, p.22, 5행이다.

經

栴檀摩尼로 以爲其身하며 威德寶王으로 以爲其峯하며 妙香摩尼로 而作其輪하며 焰藏金剛으로 所共成立하며 一切香水가 流注其間하며 衆寶爲林하야 妙華開敷하며 香草布地하며 明珠間飾하며 種種香華가 處處盈滿하며 摩尼爲網하야 周匝垂覆하나니 如是等이 有世界海에 微塵數衆妙莊嚴하니라

전단 마니로써 그 몸을 삼았으며
위덕 보배왕으로써 그 산의 봉우리를 삼았으며
묘한 향 마니로 그 산의 바퀴를 지었으며
불꽃으로 갈무리한 금강으로 함께 성립한 바이며
일체 향수가 그 사이에 흘러내리며
수많은 보배로 숲이 되어 묘한 꽃이 피었으며
향기 나는 풀들이 땅에 펼쳐져 있으며
밝은 진주로 사이를 꾸몄으며
가지가지 향기 나는 꽃이 곳곳에 가득하며
마니로 그물이 되어 두루 돌아 내려 덮었나니
이와 같이 등이 세계의 바다에 작은 티끌 수만치 많은 묘한 장엄이 있었습니다.

疏

二에 別顯中에 前取堅利일새 且云金剛이어니와 今明具德일새 略有十相하니 前四는 自體圓滿이요 後六은 外相莊嚴이라 一에 身은 爲總形이니 摩尼圓明하고 栴檀芬郁은 皆戒之德也라 二는 山峯이니 謂秀出孤絶은 威伏諸惡이라 三은 山輪이니 古有二義라 一은 山彎曲之處요 二는 山腹跳出이니 如師子座가 半月爲輪이라 準下偈文인댄 輪居山下라하니 爲山所依라 四는 成山之緣이니 上擧三事는 各別有體어니와 今顯金剛은 內含光焰하야 遍成其體가 如世土石이 雜而成山하나니 金剛遍故로 得金輪名이라 餘六文顯이니 並在山間하니라

두 번째 자체의 모습을 따로 나타내는 가운데 앞에서는 견고하고 예리함을 취하였기에 또한 금강이라고 하였거니와 지금에는 구덕具德을 밝히기에 간략하게 십상이 있나니
앞에 사상四相은 자체가 원만한 것이요
뒤에 육상六相은 외상外相으로 장엄한 것이다.
첫 번째 몸은 윤위산 전체의 형상(總形)이 되는 것이니
마니가 원만하게 밝고 전단의 향기가 대단한[98] 것은 다 지계의 공덕이다.
두 번째는 산의 봉우리이니

98 郁은 향기가 많이 나는 것을 말한다.

말하자면 빼어나 홀로 상대를 끊은 것은 위덕으로 모든 악을 조복한 것이다.

세 번째는 산의 바퀴이니

고래로 두 가지 뜻이 있다.

첫 번째는 산의 굽은[99] 곳이요,

두 번째는 산의 중턱이 솟아나온[100] 것이니

마치 사자의 자리가 반달로 바퀴를 삼은 것과 같다.

아래 게송문을 기준한다면 바퀴가 산의 아래에 거주한다 하였으니 산이 의주하는 바가 되는 것이다.

네 번째는 산을 이루는 인연이니

이상에서 거론한 삼사三事는 각각 달리 자체가 있는 것이어니와, 지금에 나타낸 금강은 안으로 광명의 불꽃을 함유하여 두루 그 자체를 이루는 것이 마치 세간에 흙과 돌이 섞이어 산을 이루는 것과 같나니,

금강이 두루한 까닭으로 금륜산이라는 이름을 얻은 것이다.

나머지 여섯 가지는 경문에 나타나 있나니

모두 윤위산 사이에 있다.

99 彎은 굽을 만 자이다.

100 朓는 그믐달 서쪽에 뜰 조. 或本엔 跳 자이니 '솟구칠 도'이다. 朓 자로 번역하면 산 중턱에 그믐달이 뜬 듯하나니로 해석할 것이나, 師子座가 半月이라 하니 그믐달과 반월의 차이이다. 그 뜻은 멀리 통한다. 원문에 산복山腹은 산 중턱을 말한다.

經

爾時에 普賢菩薩이 欲重宣其義하야 承佛神力하야 觀察十方하고 而說頌言호대

世界大海無有邊하고　寶輪淸淨種種色이며
所有莊嚴盡奇妙하나니 此由如來神力起니이다

그때에 보현보살이 거듭 그 뜻을 선설하고자 하여 부처님의 위신력을 받아 시방을 관찰하고 게송을 설하여 말하기를

세계의 큰 바다는 끝이 없고
보배의 바퀴는 청정하여 가지가지 색상이며
있는 바 장엄도 다 기묘하나니
이것은 여래의 위신력을 인유하여 일어난 것입니다.

疏

應頌에 有十하니 文分爲二하리라 前六은 明山體相莊嚴이니 頌前別顯이요 後四는 辯山妙用自在며 亦顯依正無礙니 卽頌前結文이라 前中五니 初一은 總頌圍山이니 初句는 所圍요 次二句는 能圍요 後句는 出因이라 言無邊者는 有其二義하니 一은 但總相顯多일새 故云無邊이라하나 實有邊表라 二에 說有圍山外者는 是無邊之

邊이니 不礙理而卽事故요 今云無邊者는 是邊之無邊이니 不壞相而卽理故라

응송에 열 가지가 있나니
게문을 분류하여 두 가지로 하겠다.
앞에 여섯 게송은 윤위산 자체 모습의 장엄을 밝힌 것이니
앞에 자체의 모습을 따로 나타낸 것을 읊은 것이요
뒤에 네 가지 게송은 윤위산의 묘용이 자재함을 분별한 것이며
또한 의보와 정보가 걸림이 없음을 나타낸 것이니
곧 앞에 공덕이 끝이 없음을 맺는다고[101] 한 경문을 읊은 것이다.

앞에 자체 모습의 장엄 가운데 다섯 가지가 있나니
처음에 한 게송은 윤위산을 한꺼번에 읊은 것이니
처음 구절은 소위所圍요
다음에 두 구절은 능위能圍요
뒤에 구절은 윤위산이 나온 원인이다.

끝이 없다고 말한 것은 그 두 가지 뜻이 있나니
첫 번째는 다만 총상으로 많은 것을 나타내기에 그런 까닭으로 끝이 없다고 하였지만 실로는 끝이 있다.
두 번째 윤위산 밖이 있다고 설한 것은 이것은 끝이 없는 끝이니

101 원문에 전결문前結文이라고 한 것은 앞의 영인본 화엄 4책, p.30 말행에 결덕무진結德無盡이라 한 것이다.

진리에 걸리지 않고 사실에 즉한 까닭이요
지금에 말하기를 끝이 없다고 한 것은 이것은 끝이 있는(有邊) 끝이 없는(無邊) 것이니,
모습을 무너뜨리지 않고 진리에 즉한 까닭이다.

鈔

是無邊之邊者는 意明理無分限일새 總曰無邊이요 事有分限일새 故名有邊이라 若依理成事하야 理性全隱인댄 則無邊卽邊이요 若會事歸理하야 事相全盡인댄 則邊卽無邊이라 今則不爾하야 不失理而事現을 云無邊之邊이요 不壞事而理顯을 云邊之無邊이라하니 此是事理無礙義요 不是相卽相作之義니 思之니라

이것은 끝이 없는 끝이라고 한 것은 그 뜻이 진리는 분한이 없기에 총상으로 끝이 없다고 말한 것이고, 사실은 분한이 있기에 그런 까닭으로 끝이 있다고 이름함을 밝힌 것이다.
만약 진리를 의지하여 사실을 이루어 진리의 자체성이 온전히 숨었다면 곧 끝이 없는 것이 곧 끝이 있는 것이고
만약 사실을 모아 진리에 귀결하여 사실의 모습이 온전히 다하였다면 곧 끝이 있는 것이 곧 끝이 없는 것이다.
지금에는 곧 그렇지 아니하여 진리를 잃지 않고 사실을 나타내는 것을 끝이 없는 끝이라 말하고, 사실을 무너뜨리지 않고 진리를 나타내는 것을 끝이 있는 끝이 없는 것이라 말하였으니,

이것은 사실과 진리가 걸림이 없다는 뜻이고 진리와 사실이 상즉相卽하고 상작相作한다는 뜻은 아니니[102] 생각할 것이다.

102 원문에 불시상즉상작不是相卽相作이라고 한 것은, 말하자면 다만 이것은 이사무애일 뿐 이사가 상즉 상작한다는 것은 아니다고 『잡화기』는 말하니 여기 번역과 같다.

經

摩尼寶輪妙香輪과　及以眞珠燈焰輪이
種種妙寶爲嚴飾하니 淸淨輪圍所安住니이다

마니보배의 바퀴와 묘한 향기의 바퀴와
그리고 진주의 등불 바퀴가
가지가지 묘한 보배로 장엄하고 꾸몄으니
청정한 윤위산이 안주하는 바입니다.

疏

二에 有一頌은 頌前山輪이라

두 번째 한 게송이 있는 것은 앞에 그 산의 바퀴라고 한 것[103]을 읊은 것이다.

---

103 앞에 그 산의 바퀴라고 한 것은 앞의 소문이니, 앞의 경문(장행문) 제삼구에 묘한 향 마니로 그 산의 바퀴를 짓는다고 한 것이다.

經

堅固摩尼以爲藏하고 閻浮檀金作嚴飾하며
舒光發焰遍十方하야 內外映徹皆淸淨케하니다

견고한 마니로써 창고를 삼았고
염부단금으로 장엄하고 꾸밈을 지었으며
광명을 펼치고 불꽃을 일으켜 시방에 두루하게 하여
안과 밖으로 비추어 사무쳐 다 청정케 하였습니다.

疏

三에 一은 頌山體라

세 번째 한 게송은 산의 자체를 읊은 것이다.

經

金剛摩尼所集成하고 復雨摩尼諸妙寶로대
其寶精奇非一種이니 放淨光明普嚴麗하니다

금강 마니로 모아 이루고
다시 마니의 모든 묘한 보배를 비 내리는 바로되
그 보배가 정미롭고 기이한 것이 한 가지가 아니니
청정한 광명을 놓아 널리 장엄을 화려하게 하였습니다.

疏

四에 一은 頌成山之緣이라

네 번째 한 게송은 윤위산을 이루는 인연을 읊은 것이다.

經

香水分流無量色이요 散諸華寶及栴檀하며
衆蓮競發如衣布요 珍草羅生悉芬馥하니다

無量寶樹普莊嚴하야 開華發蘂色熾然하며
種種名衣在其內하고 光雲四照常圓滿하니다

향수[104]는 나누어 흐르되 그 색이 한량이 없고
모든 꽃[105]과 보배와 그리고 전단까지 흩었으며
수많은 연꽃[106]은 다투어 피어나 옷이 펼쳐진 것 같고
진기한 풀[107]은 줄지어 생겨나 다 향기롭습니다.

한량없는[108] 보배 나무로 널리 장엄하여
꽃이 피고 꽃술이 생겨나고 색깔이 치연하며
가지가지[109] 유명한 옷이 그 안에 있고
광명의 구름이 사방에 비치어 항상 원만합니다.

---

104 향수 운운은 장행문의 제오구이다.

105 모든 꽃 운운은 장행문의 제일구 등이다.

106 수많은 연꽃 운운은 장행문의 제구구第九句이다.

107 진기한 풀 운운은 장행문의 제칠구이다.

108 한량없는 운운과 꽃이 피고 운운은 장행문의 제육구이다.

109 가지가지 운운과 광명의 구름 운운은 장행문에는 없다.

疏

五六에 二偈는 頌前水等諸嚴과 及加衣等이라

다섯 번째와 여섯 번째 두 게송은 앞에 향수 등[110] 모든 장엄과 그리고 옷 등을 더하여 읊은 것이다.

110 향수 등이라고 한 등等 자는 수많은 보배 등이다.

經

無量無邊大菩薩이 執蓋焚香充法界하고
悉發一切妙音聲하야 普轉如來正法輪하니다

諸摩尼樹寶末成하고 一一寶末現光明거늘
毘盧遮那淸淨身이 悉入其中普令見케하니다

諸莊嚴中現佛身호대 無邊色相無央數하야
悉往十方無不遍하며 所化衆生亦無限케하니다

一切莊嚴出妙音하야 演說如來本願輪하며
十方所有淨刹海에 佛自在力咸令遍케하니다

한량없고 끝없는 큰 보살들이
일산을 잡고 향을 사르기를 법계에 넘쳐나게 하고
다 일체 묘한 음성을 내어
널리 여래의 정법의 바퀴를 전합니다.

모든 마니 나무는 보배 가루로 만들어졌고
낱낱 보배 가루는 광명을 나타내거늘
비로자나의 청정한 몸이
다 그 가운데 들어가 널리 하여금 보게 하십니다.

모든 장엄 가운데 부처님의 몸을 나타내되
끝없는 색상을 무앙수로 하여
다 시방에 나아가 두루하지 아니함이 없게 하며
교화하는 바 중생도 또한 한이 없게 합니다.

일체 장엄이 묘한 음성을 내어
여래 본원의 바퀴를 연설하며
시방에 있는 바 청정한 국토의 바다에
부처님의 자재한 힘으로 다 하여금 두루하게 합니다.

疏

後四는 妙用自在니 並顯可知라

뒤에 네 가지 게송은 윤위산의 묘용이 자재함을 읊은 것이니 아울러 나타낸 것[111]은 가히 알 수가 있을 것이다.

111 아울러 나타낸 것이라고 한 것은 두 가지 의미를 갖는다. 첫 번째는 네 가지 게송이 모두 묘용이 자재함을 나타내었다는 뜻이고, 두 번째는 의보·정보와 묘용을 함께 나타내었다는 뜻이다.

經

爾時에 普賢菩薩이 復告大衆言호대 諸佛子야 此世界海에 大輪圍山內의 所有大地는

그때에 보현보살이 다시 대중에게 일러 말하기를 모든 불자여, 이 세계의 바다 대륜위산 안에 있는 바 대지는

疏

第二는 臺面寶地니 卽體心性定之所成也라 長行文三이니 初는 標所在요 二에 一切下는 別顯體相莊嚴이요 三은 總結이라

제 두 번째는 대면이 보배의 땅이니
곧 심성을 체달한 삼매로 이룬 바이다.
장행문에 세 가지가 있나니
처음에는 소재지를 한꺼번에 표한 것이요
두 번째 일체라고 한 아래는 체상의 장엄을 따로 나타낸 것이요
세 번째는 모두 맺는 것이다.[112]

112 세 번째는 모두 맺는 것이라고 한 것은 차하 원문에 모든 불자여 이 세계의 바다에 땅이라고 한 이하 문장이다.

經

一切皆以金剛所成이니 堅固莊嚴하야 不可沮壞며 淸淨平坦하야 無有高下며 摩尼爲輪하며 衆寶爲藏하며 一切衆生의 種種形狀인 諸摩尼寶로 以爲間錯하며 散衆寶末하며 布以蓮華하며 香藏摩尼를 分置其間하며 諸莊嚴具가 充遍如雲거늘 三世一切諸佛國土에 所有莊嚴으로 而爲校飾하며 摩尼妙寶로 以爲其網하야 普現如來의 所有境界가 如天帝網이 於中布列하니라 諸佛子야 此世界海地가 有如是等世界海에 微塵數莊嚴하니라

일체가 다 금강으로 이루어진 바이니 견고하게 장엄되어 가히 무너뜨릴 수 없으며
청정하고 평탄하여 높고 낮은 것이 없으며
마니로 바퀴를 삼았으며
수많은 보배로 창고를 삼았으며
일체중생의 가지가지 형상인 모든 마니보배로써 사이에 섞어 장엄하였으며
수많은 보배 가루를 흩었으며
연꽃을 펼쳤으며
향기로 갈무리한 마니를 그 사이에 나누어 두었으며
모든 장엄 기구가 넘쳐나 두루한 것이 구름 같거늘 삼세에 일체 모든 부처님의 국토에 있는 바 장엄으로 섞어 꾸몄으며
마니의 묘한 보배로 그 그물을 삼아 널리 여래가 소유한 경계를

나타낸 것이 하늘에 제석의 그물이 그 가운데 펼쳐져 나열된 것과 같습니다.
모든 불자여, 이 세계의 바다에 땅이 이와 같은 등 세계의 바다에 작은 티끌 수만치 많은 장엄이 있었습니다.

疏

二中十句니 初一은 地體니 標以金剛하고 釋以堅固不壞는 遍華藏地가 盡是金剛일새 故上菩提場地가 徹華藏也라 二는 地相平淨이라 餘八은 皆莊嚴이니 謂三은 飾以寶輪이요 四는 畜以寶藏이요 五는 間以異寶요 六은 散以寶末이요 七은 布以蓮華요 八은 分置香摩尼요 九는 充以莊嚴具니 但云諸嚴은 嚴有多少하니 三世佛國之嚴으로 而爲嚴者는 顯無盡之嚴具也라 十은 覆以寶網이니 隱映莊嚴이라 網有何用고 普現佛影이라 此網何相고 如天帝網이 而布列也라 又此帝網은 重現無盡이니 成上普現如來境界와 及上一一境界가 皆無盡也라

두 번째 따로 나타내는 가운데 열 구절이 있나니
처음에 한 구절은 땅의 자체이니
금강으로써 표하고 견고하여 무너뜨릴 수 없다는 것으로써 해석한 것은 모든 화장세계의 땅이 다 이 금강이기에 그런 까닭으로 위에 보리도량의 땅[113]이 여기 화장세계에까지 사무치는 것이다.
두 번째 구절은 땅의 모습이 평탄하고 청정한 것이다.

나머지 여덟 구절은 다 장엄이니
말하자면 세 번째는 보배 바퀴로써 꾸민 것이요
네 번째는 보배 창고로써 쌓은 것이요
다섯 번째는 기이한 보배로써 사이에 꾸민 것이요
여섯 번째는 보배 가루로써 흩은 것이요
일곱 번째는 연꽃으로써 펼친 것이요
여덟 번째는 향기 나는 마니를 나누어 둔 것이요
아홉 번째는 장엄 기구로써 넘쳐나게 한 것이니
다만 말하기를 모든 장엄 기구라고 한 것은 장엄 기구가 많고 적음이 있나니
삼세에 부처님 국토의 장엄으로 장엄을 삼은 것은 끝없는 장엄의 기구를 나타낸 것이다.
열 번째는 보배 그물로써 덮은 것이니
은연히 비치는 장엄이다.
그물이 무슨 작용이 있는가.
널리 부처님의 그림자를 나타내는 작용이 있다.
이 그물이 무슨 모양인가.
하늘에 제석의 그물이 펼쳐져 나열된 것과 같다.
또 이 제석의 그물은 거듭 끝이 없는 것을 나타낸 것이니
위에 널리 여래[114]의 경계를 나타낸다고 한 것과 그리고 위에 낱낱

113 위에 보리도량의 땅이라고 한 것은 이 화엄 초두에 아란야법보리장阿蘭若法菩提場이라 한 것이다.

114 위에 널리 여래라고 한 등은 제십구이다.

경계[115]가 다 끝이 없다고 한 것을 성립한 것이다.

鈔

但云諸嚴下는 此句稍長일새 故牒釋之하니라 卽從諸莊嚴具下는 是第九句요 摩尼妙寶下는 皆第十句라

다만 말하기를 모든 장엄이라고 한 아래는 이 구절[116]이 약간 길기에 그런 까닭으로 첩석한 것이다.
곧 경문에 모든 장엄 기구라고 한 것으로 좇아 아래는 이것은 제 아홉 번째 구절이요
마니의 묘한 보배라고 한 아래는 다 제 열 번째 구절이다.

115 위에 낱낱 경계라고 한 등은 나머지 아홉 구절이다.
116 이 구절이란, 제 아홉 번째 구절이다.

經

爾時에 普賢菩薩이 欲重宣其義하야 承佛神力하야 觀察十方하고 而說頌言호대

其地平坦極淸淨하며 安住堅固無能壞하며
摩尼處處以爲嚴하며 衆寶於中相間錯하니다

金剛爲地甚可悅하며 寶輪寶網具莊嚴하며
蓮華布上皆圓滿하고 妙衣彌覆悉周遍하니다

菩薩天冠寶瓔珞으로 悉布其地爲嚴好하고
栴檀摩尼普散中하니 咸舒離垢妙光明하니다

寶華發焰出妙光하니 光焰如雲照一切하며
散此妙華及衆寶하야 普覆於地爲嚴飾하니다

그때에 보현보살이 거듭 그 뜻을 밝히고자 하여 부처님의 위신력을 받아 시방을 관찰하고 게송을 설하여 말하기를

그 땅[117]이 평탄하고 지극히 청정하며

117 그 땅 운운은 장행문의 제이구이다.

안주함[118]이 견고하여 능히 무너뜨릴 수 없으며
마니[119]로 곳곳에 장엄하였으며
수만은 보배로 그 가운데 서로 사이에 섞어 장엄하였습니다.

금강[120]으로 땅이 되어 가히 기뻐할 만하며
보배 바퀴와 보배 그물[121]로 장엄을 구족하였으며
연꽃이[122] 그 위에 펼쳐졌으되 다 원만하고
묘한 옷을 가득 펴 다 두루하였습니다.

보살의 천관天冠인 보배 영락으로
다 그 땅에 펼쳐 장엄을 묘호하게 하고
전단 마니[123]로 널리 그 가운데 흩으니
다 때를 떠난 묘한 광명이 펼쳐집니다.

보배 연꽃[124]이 불꽃을 일으켜 묘한 광명을 내니
광명의 불꽃이 구름과 같아 일체를 비추며
이 묘한 꽃[125]과 그리고 수많은 보배를 흩어

---

118 안주함 운운은 장행문의 제일구이다.
119 마니 운운한 등 아래 반 게송은 장행문의 제오구이다.
120 금강 운운은 장행문의 제일구이다.
121 보배 바퀴는 장행문의 제삼구이고, 보배 그물은 장행문의 제사구이다.
122 연꽃이 운운한 등 아래 반 게송은 장행문의 제칠구이다.
123 전단 마니 운운은 장행문의 제팔구이다.
124 보배 연꽃 운운한 등 위에 반 게송은 장행문의 제칠구이다.

널리 그 땅에 덮어 장엄하고 꾸몄습니다.

疏

偈有十頌하니 分二하리라 前七은 頌前別顯이요 後三은 頌總結이라 前中三이니 初四는 頌前八段이라 而小不次者는 顯前無優劣故며 或重或廣者는 顯義無方也니라 恐繁不配니 可以意得이라

게송에 열 가지 게송이 있나니
두 가지로 분류하겠다.
앞에 일곱 게송은 앞에 따로 나타낸 것을 읊은 것이요
뒤에 세 가지 게송은 모두 맺는 것(總結)을 읊은 것이다.
앞의 가운데 세 가지가 있나니
처음에 네 가지 게송은 앞에 팔단八段[126]을 읊은 것이다.
그러나 조금 차례가 같지 아니한[127] 것은 앞의 팔단이 우열이 없음을 나타낸 까닭이며
혹 거듭 읊고 혹 폭넓게 읊은[128] 것은 뜻이 방소가 없음을 나타낸

125 이 묘한 꽃 운운한 등 아래 반 게송은 장행문의 제육구이다.

126 앞에 팔단八段이라고 한 것은 앞의 장행문에 십구十句 가운데 앞에 팔구八句이다.

127 차례가 같지 않다고 한 것은 이미 앞의 사게四偈에 각 구절마다 배속하였다.

128 혹 거듭 읊고 혹 폭넓게 읊었다고 한 것은 장행문의 제일구는 제일게第一偈 가운데 제이구의 안주安住와 제이게第二偈 가운데 제일구의 금강金剛에서 거듭 읊었고, 장행문의 제칠구는 제이게第二偈 가운데 아래 반 게송의 연화蓮

것이다.

번잡함을 싫어할까 염려하여 배석配釋하지 아니하였으니 가히 뜻으로 얻을 것이다.

華 등과 제사게第四偈 가운데 아래 반 게송의 보화寶華 등을 거듭 읊은 것이다. 그리고 장행문의 제칠구는 제이게 가운데 아래 반 게송의 연화蓮華 등과 제사게 가운데 위에 반 게송의 보화寶華 등에서 폭넓게 읊었고, 장행문의 제팔구는 제삼게의 보살천관菩薩天冠 등 전송全頌에서 폭넓게 읊었다. 장행문의 다른 구절은 게송 가운데 한 구절 혹은 장행문의 한 구절에 이구(제이게 가운데 이구二句)를 읊기도 하였다.

經

密雲興布滿十方하고 廣大光明無有盡거늘
普至十方一切土하야 演說如來甘露法하니다

一切佛願摩尼內에 普現無邊廣大劫하니
最勝智者昔所行을 於此寶中無不見하니다

짙은 구름이 일어나 퍼져 시방에 가득하고
광대한 광명이 끝이 없거늘
널리 시방의 일체 국토에 이르러
여래의 감로법을 연설합니다.

일체 부처님의 서원으로 마니 안에
널리 끝없는 광대한 세월(劫)을 나타내니
가장 수승한 지혜인이 옛날에 행하신 바를
이 보배 가운데서 보지 아니함이 없습니다.

疏

次二는 頌嚴具如雲이라

다음에 두 가지 게송은 장엄 기구가 구름과 같다고[129] 한 것을 읊은 것이다.

---

129 장엄 기구가 구름과 같다고 한 것은 앞의 장행문에 제구구第九句이다.

經

其地所有摩尼寶에 一切佛刹咸來入하며
彼諸佛刹一一塵에 一切國土亦入中하니다

그 땅에 있는 바 마니보배에
일체 부처님의 국토가 다 와서 들어가며
저 모든 부처님 국토의 낱낱 티끌에
일체 국토도 또한 그 가운데 들어갑니다.

疏

後一偈는 頌如天帝網이니 謂一寶가 旣收一切인댄 則彼刹諸塵도 復攝一切리니 卽重重也라

뒤에 한 게송은 하늘에 제석의 그물과 같다고[130] 한 것을 읊은 것이니 말하자면 한 보배가 이미 일체 국토를 거두었다면 곧 저 국토에 모든 티끌도 다시 일체 국토를 섭수하리니 곧 중중으로 끝이 없다는 것이다.

130 하늘에 제석의 그물과 같다고 한 것은 앞의 장행문에 제십구이다.

經

妙寶莊嚴華藏界에　菩薩遊行遍十方하야
演說大士諸弘願하나니 此是道場自在力이니다

摩尼妙寶莊嚴地에　放淨光明備衆飾하야
充滿法界等虛空하나니 佛力自然如是現이니다

諸有修治普賢願하고　入佛境界大智人은
能知於此刹海中에　如是一切諸神變이니다

묘한 보배로 장엄한 화장세계에
보살이 노닐기를 시방에 두루하여
대사大士의 모든 넓은 서원을 연설하나니
이것은 도량에 자재한 힘입니다.

마니의 묘한 보배로 장엄한 땅에
청정한 광명을 놓아 수많은 꾸밈을 갖추어
법계에 넘쳐나 허공과 같게 하나니
부처님의 힘으로 자연스레 이와 같이 나타납니다.

삼유(諸有)에서 보현의 서원을 닦아 다스리고
부처님의 경계에 들어간 큰 지혜인은

능히 이 국토의 바다 가운데
이와 같은 일체 모든 신통변화를 압니다.

疏

後三偈는 頌總結者는 結其所屬이니 初偈는 結屬道場이요 次는 屬佛力이요 後는 結能知之人이라

뒤에 세 가지 게송은 모두 맺는 것을 읊었다고 한 것은 그 소속을 맺는 것이니
처음에 게송은 도량에 속함을 맺은 것이요
다음에 게송은 부처님의 힘에 속함을 맺는 것이요
뒤에 게송은 능히 아는 사람에 속함을 맺은 것이다.

經

爾時에 普賢菩薩이 復告大衆言호대 諸佛子야 此世界海大地中에 有十不可說佛刹微塵數香水海하니

그때에 보현보살이 다시 대중에게 일러 말하기를 모든 불자여, 이 세계의 바다에 대지大地 가운데 열 곱으로 가히 말할 수 없는 부처님 국토에 작은 티끌 수만치 많은 향수해가 있나니(十字는 북장경을 의지하여 보증하였다.)

疏

第三에 地面香海者는 上之大海가 旣是藏識이어니와 今明心華之內에 攝諸種子니 一一種子가 不離藏識海일새 故有多香海하고 然一一具於性德일새 故皆有莊嚴이라 長行分二하리니 初總擧數라 準下刹種과 及梵本中인댄 皆有十不可說이어늘 今闕十字하니 或是譯人之漏며 或是傳寫之失이라 下標種處도 亦然하니라

제 세 번째 지면에 향수해는 위에서 큰 바다(大海)[131]가 이미 장식藏識이라고 하였거니와 지금에는 심화心華[132]의 안에 모든 종자를 함섭하

131 위에서 큰 바다(大海)라고 한 등은 위에 영인본 화엄 4책, p.7, 2행에 대해大海를 장식藏識이라 하였다.

132 지금에는 심화心華라고 한 것은 곧 장식藏識이니 그 뜻은 세계 바다에 대지 가운데 열 곱으로 가히 말할 수 없는 향수해가 있다고 비유한 것으로 장식

고 있음을 밝힌 것이니,
낱낱 종자가 장식藏識의 바다를 떠나지 않았기에 그런 까닭으로 수많은 향수해가 있고, 그러나 낱낱이 성덕性德을 갖추고 있기에 그런 까닭으로 다 장엄이 있는 것이다.

장행문을 두 가지로 분류하리니
처음에는 세계의 숫자를 한꺼번에 거론한 것이다.
아래에 세계의 종(刹種)과 그리고 범본 가운데를 기준한다면 다 열 곱으로 가히 말할 수 없는 향수해가 있다고 해야 할 것이어늘 지금에는 십자十字가 빠졌으니,
혹시 번역하는 사람이 빠뜨린 것이 아닌가 하며
혹시 전사하는 사람이 실수한 것이 아닌가 한다.
아래에 세계종의 처소[133]를 표한 것도 또한 그렇다 하겠다.

鈔

準下刹種者는 以中海管十海하고 十海에 一道布列하고 結有不可說佛刹微塵數香水海라하니 十道皆然하야 一海一種일새 故有十不可說也니라 下摽種處者는 摽云호대 諸佛子야 此十不可說佛刹微塵數香水海中에 有不可說佛刹微塵數世界種이라하니 釋曰此即摽種處라 無十字나 亦例合有니라

안에 모든 종자가 있다는 것이다.

133 아래에 세계종의 처소라고 한 것은 영인본 화엄 4책, p.70, 9행이다.

아래에 세계의 종을 기준한다고 한 것은 중앙의 향수해가 십해十海를 관장하고[134] 십해에 한길로[135] 펼쳐 나열하고 맺어서 가히 말할 수 없는 작은 티끌 수만치 많은 향수해가 있다 하였으니,

십도十道가 다 그러하여 일해一海에 일종一種이기에 그런 까닭으로 열 곱으로 가히 말할 수 없는 향수해가 있다고 한 것이다.

아래에 세계종의 처소를 표한다고 한 것은 표하여 말하기를 모든 불자여,[136] 이 열 곱으로 가히 말할 수 없는 부처님의 세계에 작은 티끌 수만치 많은 향수해 가운데 가히 말할 수 없는 부처님의 세계에 세계종(種)이 있다 하였으니

해석하여 말하면 이것은 세계종의 처소를 표한 것이다.

---

134 중앙의 향수해가 십해十海를 관장한다고 한 것은, 중앙의 향수해라고 한 것은 곧 최고 중앙의 국토에 바다이고, 십해를 관장한다고 한 것은 중앙의 향수해 밖에 오른쪽으로 돌아 십해가 있는 것이니 아래 영인본 화엄 4책, p.96, 6행 소문을 참고하라. 아래 경문은 모든 불자여 이 최고 중앙에 향수해 운운이다.

135 십해에 한길로라고 한 등은 위에 십해에 한길이라 한 등을 첩석한즉 매 일해一海에 한길로 십해를 펼쳐 나열하고 이에 가히 말할 수 없는 부처님 국토의 작은 티끌 수만치 많은 향수해가 있다고 결론 내렸으니 이상은 십해 가운데 일해一海이다. 그 나머지 구해九海도 낱낱이 다 그러한 까닭으로 모두 열 곱절 불가설 향수해가 있는 것이다. 이러한즉 바로 아래 열길(十道)도 다 그러하다고 한 것은 총에 나아가 말한 것일 뿐이다. 『회현기』 12권 3장을 자세히 볼 것이다. 이상은 다 『잡화기』의 말이다.

136 모든 불자여 운운한 것은 아래 영인본 화엄 4책, p.70, 9행이다.

십자十字가 없지만 또한 비례하면 있는 것이 합당하다 하겠다.[137]

137 비례하면 있는 것이 합당하다고 한 것은 십十 자가 있어서 십불가설이라 해야 합당하다는 것이다.

經

一切妙寶로 莊嚴其底하며 妙香摩尼로 莊嚴其岸하며 毘盧遮那의 摩尼寶王으로 以爲其網하며 香水映徹하고 具衆寶色하야 充滿其中하며 種種寶華가 旋布其上하며 栴檀細末이 澄垽其下하며 演佛言音하며 放寶光明하며 無邊菩薩이 持種種蓋하야 現神通力하며 一切世界에 所有莊嚴이 悉於中現하며

일체 묘한 보배로써 그 바닥[138]을 장엄하였으며
묘향의 마니로써 그 언덕을 장엄하였으며
비로자나의 마니보배왕으로써 그 그물을 삼았으며
향수는 비치어 사무치고 수많은 보배 색깔을 갖추어 그 가운데 넘쳐나며
가지가지 보배 꽃이 그 위에 돌아 펴졌으며
전단의 작은 가루가 그 아래에 맑은 찌꺼기[139]로 있으며
부처님의 말소리를 연설하며
보배 광명을 놓으며
끝없는 보살이 가지가지 일산을 가져 신통의 힘을 나타내며
일체 세계에 있는 바 장엄이 다 그 가운데 나타나며

138 원문에 기저其底라 한 등 이 가운데 기其 자는 다 향수해를 가리킨다 하겠다.

139 징은澄垽은 맑은 찌꺼기라는 뜻이니 오염된 물질이 아니라 전단 가루가 그 향수해 아래에 깔려 있다는 것이다. 垽은 찌꺼기 은 자이다.

疏

二에 一切下는 別顯莊嚴이니 準後總結인댄 應云一一香海에 各有若干莊嚴이어늘 今文略無라 若案文取義인댄 一切之言이 卽一切海가 總以妙寶로 而爲其底等이라 文有二十句하니 前十은 明海體狀이니 一底二岸이요 三網四水요 五華六涖이요 七聲八光이요 九는 人衛現通이요 十은 結廣無盡이라

두 번째 일체라고 한 아래는 장엄을 따로 나타낸 것이니
뒤에 모두 맺는 것(總結)을 기준한다면 응당 말하기를 낱낱 향수해에 각각 약간의 장엄이 있어야 하거늘 지금의 경문에는 생략되고 없다.
만약 경문을 안찰하여 뜻을 취한다면 일체라는 말이 곧 일체 바다가 모두 묘한 보배로써 그 바닥을 삼는다는 등이다.
경문에 이십 구절이 있나니
앞에 십구는 바다의 자체 모습을 밝힌 것이니
첫 번째는 보배의 바닥이요
두 번째는 마니의 언덕이요
세 번째는 마니보배의 그물이요
네 번째는 향수의 물이요
다섯 번째는 보배의 꽃이요
여섯 번째는 전단 가루의 찌꺼기요
일곱 번째는 부처님의 소리요
여덟 번째는 보배 광명이요

아홉 번째는 보살(人)이 위호하여 신통을 나타내는 것이요
열 번째는 넓어서 끝이 없음을 맺는 것이다.

經

十寶階陛가 行列分布하며 十寶欄楯이 周匝圍遶하며 四天下微塵數一切寶莊嚴한 芬陀利華가 敷榮水中하며 不可說百千億那由他數十寶尸羅幢과 恒河沙數一切寶衣鈴網幢과 恒河沙數無邊色相寶華樓閣과 百千億那由他數十寶蓮華城과 四天下微塵數衆寶樹林에 寶焰摩尼로 以爲其網과 恒河沙數栴檀香에 諸佛言音光焰摩尼와 不可說百千億那由他數衆寶垣牆이 悉共圍遶하야 周遍嚴飾하니라

열 가지 보배 계단이 줄지어 나열되어 분포되었으며
열 가지 보배 난간이 두루 돌아 에워쌌으며
사천하에 작은 티끌 수만치 많은 일체 보배로 장엄한 분타리 꽃이 물 가운데 활짝 피었으며
가히 말할 수 없는 백천억 나유타 수만치 많은 열 가지 보배 시라尸羅의 당기와
항하사 수만치 많은 일체 보배 옷과 요령과 그물의 당기와
항하사 수만치 많은 끝없는 색상 보배 연꽃의 누각과
백천억 나유타 수만치 많은 열 가지 보배 연꽃의 성城과
사천하에 작은 티끌 수만치 많은 수많은 보배 나무숲에 보배 불꽃 마니로 그 그물이 된 것과
항하사 수만치 많은 전단향에 모든 부처님 말소리가 나는 광명 불꽃의 마니와

가히 말할 수 없는 백천억 나유타 수만치 많은 수많은 보배의 담장이 다 함께 에워싸 두루 장엄하고 꾸몄습니다.

疏

後에 十寶下에 十句는 攝異莊嚴이니 唯白蓮華가 當於水中하고 餘皆在岸이라 言十寶者는 有云호대 金銀瑠璃硨磲碼碯珊瑚琥珀眞珠玫瑰瑟瑟이 爲十이라하니 十中前七은 卽是七寶라 芬陀利者는 卽白蓮華며 亦是正敷榮時라 尸羅幢者는 應云試羅니 此云美玉이요 若言尸羅인댄 此云淸淨이니 二義俱通이라 餘並可知라 以法門合之는 可以意得이라

뒤에 열 가지 보배라고 한 아래에 십구는 기이한 장엄을 섭수한 것이니
오직 백련화만이 물 가운데 있고 나머지는 다 언덕에 있다.

열 가지 보배라고 말한 것은 어떤 사람이 말하기를 금·은·유리·자거·마노·산호·호박·진주·매괴·슬슬瑟瑟[140]이 열 가지가 된다 하였으니
열 가지 가운데 앞에 일곱 가지는 곧 칠보이다.
분타리라고 한 것은 곧 백련화이며 또한 활짝 핀 때이다.
시라의 당기라고 한 것은 응당 시라試羅라고 말할 것이니

140 슬슬瑟瑟은 보배의 이름이다. 금슬琴瑟이라 한 금琴 자는 슬瑟 자의 잘못이다.

여기서 말하면 좋은 옥(美玉)이요,

만약 시라尸羅라고 말한다면 여기서 말하면 청정이니

두 가지 뜻이 함께 통하는 것이다.

나머지는 아울러 가히 알 수가 있을 것이다.

법문으로써 비유에 합석하는 것은 가히 뜻으로 얻을 것이다.

鈔

芬陀利는 卽白蓮華者는 卽唐三藏等의 諸師所翻이요 而言亦是正敷榮時者는 卽什公意라 故叡公法華序云호대 華有三時之異하니 華而未敷를 名屈摩羅요 凋而將落을 名迦摩羅요 處中盛時를 名芬陀利라하며 生公亦云호대 器像之妙가 莫踰蓮華하고 蓮華之美는 榮在始敷니 始敷之盛에 則子盈於內하고 色香味足하나니 謂之芬陀利라하니 意亦同也니라 今存二譯은 各是一義니 梵語多含일새 故兩存耳니라

분타리라고 한 것은, 곧 백련화라고 한 것은 곧 당삼장 등 제사諸師들이 번역한 바요

그러나 또한 바로 활짝 핀 때라고 말한 것은 곧 구마라십의 뜻이다.

그런 까닭으로 승예가 『법화경』 서문에 말하기를 화華에 삼시三時의 다름이 있나니

꽃이 아직 피지 아니한 것을 이름하여 굴마라라 하고,

시들어[141] 장차 떨어질 것을 이름하여 가마라라 하고,

중간에 처하여 활짝 필 때[142]를 이름하여 분타리라 한다 하였으며 도생이 또 말하기를 그릇의 형상이 묘한 것이 연꽃을 넘을 수 없고 연꽃의 아름다운 것은 그 영화로운[143] 것이 처음 피는 데 있나니, 처음 피는 것이 성盛함에 곧 연밥이 안에 차고 색깔과 향기와 맛을 갖추나니

그것을 일러 분타리라 한다 하였으니

그 뜻이 또한 같다 하겠다.

지금에 두 가지 해석[144]을 둔 것은 각각 한 뜻이니,

범어가 많은 뜻을 포함하고 있기에 그런 까닭으로 두 가지 해석을 두었을 뿐이다.

---

141 彫와 凋는 다 같이 시들 조 자이다.

142 중간에 처하여 활짝 필 때라고 한 것은 처음 피고 마지막 필 때의 중간이니 제일성화시第一盛華時이다.

143 영榮이란, 번영 즉 성하다는 뜻도 있다.

144 두 가지 해석이라고 한 것은, 一은 백련화이고, 二는 활짝 핀 때이다.

經

爾時에 普賢菩薩이 欲重宣其義하야 承佛神力하야 觀察十方하고 而說頌言호대

此世界中大地上에 有香水海摩尼嚴하니
清淨妙寶布其底하야 安住金剛不可壞하니다

香藏摩尼積成岸하니 日焰珠輪布若雲하며
蓮華妙寶爲瓔珞하야 處處莊嚴淨無垢하니다

香水澄渟具衆色하며 寶華旋布放光明하며
普震音聲聞遠近하며 以佛威神演妙法하니다

그때에 보현보살이 거듭 그 뜻을 선설하고자 하여 부처님의 위신력을 받아 시방을 관찰하고 게송을 설하여 말하기를

이 세계 가운데[145] 대지 위에
향수해의 마니 장엄이 있나니
청정[146]하고 묘한 보배가 그 바닥에 펼쳐져

145 이 세계 가운데 이하 반 게송은 위에 영인본 화엄 4책, p.41, 1행이다.
146 청정 이하 반 게송은 장행문의 제일구이다.

금강의 가히 무너뜨릴 수 없는 곳에 안주합니다.

향장 마니[147]로 쌓아 언덕을 이루니
태양 불꽃 구슬 바퀴가 펼쳐져 구름 같으며
연꽃[148]의 묘한 보배로 영락을 삼아
곳곳에 장엄하니 청정하여 때가 없습니다.

향수[149]가 맑고 수많은 보배 색깔을 갖추었으며
보배 꽃이[150] 돌아 펴졌으며 보배 광명을 놓으며
널리 음성을[151] 진동하여 멀거나 가까운 곳에 들리게 하며
부처님[152]의 위신력으로 묘법을 연설합니다.

---

147 향장 마니 이하 반 게송은 장행문의 제이구이다.

148 연꽃 이하 반 게송은 장행문의 제삼구이다.

149 향수 운운은 향수가 맑다고 한 것은 장행문에 시라尸羅이니 시라는 청정이라 번역하므로 장행문의 제사구이고, 수많은 보배 색깔을 갖추었다고 한 것은 장행문의 제육구이다.

150 보배 꽃이 운운은 보배 꽃이 돌아 펴졌다고 한 것은 장행문의 제오구이고, 보배 광명을 놓았다고 한 것은 장행문의 제팔구이다.

151 널리 음성을 운운은 장행문의 제칠구이다.

152 부처님 운운은 부처님의 위신력이라고 한 것은 장행문의 제구구第九句이고, 묘법을 연설한다고 한 것은 장행문의 제십구이다.

疏

頌中에 菩薩持蓋는 經有頌無하며 日焰光輪은 經無頌有라 且分爲二하리니 初三은 頌初十句니 一은 頌底요 二는 頌岸及網이니 纓卽網類라 三은 頌餘七이니 細尋可見이라

게송 가운데 보살이 일산을 가졌다고 한 것은 경에는 있고 게송에는 없으며,
태양 불꽃 광명의 바퀴라고 한 것은 경에는 없고 게송에는 있다.
또한 나누어 두 가지로 하리니
처음에 세 가지 게송은 처음에 십구를 읊은 것이니
첫 번째 게송은 보배의 바닥을 읊은 것이요
두 번째 게송은 마니의 언덕과 그리고 보배의 그물을 읊은 것이니
영락은 곧 그물의 유형이다.
세 번째 게송은 나머지 칠구를 읊은 것이니
자세히 찾아보면 가히 볼 수 있을 것이다.[153]

153 자세히 찾아보면 가히 볼 수 있을 것이라고 한 것은 자세히 찾아보니 장행문의 제육구와 제십구가 분명하지 않다. 그러나 나는 장행문의 제육구는 제 세 번째 게송의 처음 구절인 수많은 보배 색깔을 갖추었다고 한 것에 배속하였고, 장행문의 제십구는 제 세 번째 게송의 끝구절인 묘한 법을 연설한다고 한 것에 배속하였으니 사지思知할 것이다.

經

階陛莊嚴具衆寶하고 復以摩尼爲間飾하며
周迴欄楯悉寶成하고 蓮華珠網如雲布하니다

摩尼寶樹列成行하고 華蘂敷榮光赫奕하며
種種樂音恒競奏하니 佛神通力令如是하니다

種種妙寶芬陀利는 敷布莊嚴香水海하고
香焰光明無暫停하야 廣大圓滿皆充遍하니다

明珠寶幢恒熾盛하고 妙衣垂布爲嚴飾하며
摩尼鈴網演法音하야 令其聞者趣佛智케하니다

妙寶蓮華作城廓하고 衆彩摩尼所嚴瑩하며
眞珠雲影布四隅하야 如是莊嚴香水海하니다

垣牆繚繞皆周匝하고 樓閣相望布其上하며
無量光明恒熾然하야 種種莊嚴淸淨海하니다

毘盧遮那於往昔에 種種刹海皆嚴淨일새
如是廣大無有邊하나니 悉是如來自在力이니다

계단의 장엄을 수많은 보배로 갖추어 하였고
다시 마니로써 사이에 꾸몄으며[154]
두루 돌아 있는 난간도 다 보배로 이루어졌고
연꽃 구슬 그물도 구름같이 펼쳐졌습니다.

마니보배 나무는 나열되어 줄을 이루었고
꽃들은 활짝 피어 빛이 더욱 빛나며
가지가지 음악은 항상 다투어 연주되나니
부처님의 신통력으로 하여금 이와 같게 합니다.

가지가지 묘한 보배 분타리는
피어 향수해를 덮어 장엄하고
향기 불꽃 광명은 잠시도 머무름 없이
광대하고 원만하게 다 넘쳐나 두루합니다.

명주의 보배 당기는 항상 치성하고
묘한 옷은 내려 펼쳐 장엄하여 꾸몄으며
마니의 요령과 그물은 법음을 연설하여
그 듣는 사람으로 하여금 부처님의 지혜에 나아가게 합니다.

묘한 보배 연꽃으로 성곽을 짓고

---

154 원문에 간식間飾은 간잡엄식間雜嚴飾의 준말이다.

수많은 색채의 마니로 장엄한 바가 맑으며
진주의 구름 그림자로 사방을 덮어
이와 같이 향수해를 장엄하였습니다.

담장은 얽어싸[155] 다 두루 돌아 있고
누각은 서로 바라보아 그 위에 분포되었으며
한량없는 광명은 항상 치연하여
가지가지 청정한 바다[156]를 장엄하였습니다.

비로자나가 지나간 옛날에
가지가지 국토의 바다를 다 장엄하여 청정케 하였기에
이와 같이 광대한 장엄이 끝이 없나니
다 이것은 여래의 자재한 힘입니다.

疏

餘七偈는 頌後十句라 而小不次하니 謂一은 頌階陛欄楯이요 二는 頌樹林이요 三은 頌華敷요 四는 頌幢相이요 五는 頌城珠요 六은 頌牆閣이니 繚者는 纏也라 七은 頌結嚴屬佛이니 一은 昔因이요

155 원문에 繚繞는 얽힐 료, 두를 료 자이니 자전에는 둘러싸다로 해석하고, 국어사전은 얽어싸다로 해석하였다. 그러나 청량은 후자로 해석하였다. 즉 얽힐 료로 해석한 것이다.

156 청정한 바다는 곧 향수해이다.

二는 現力이라

나머지 일곱 게송은 뒤에 십구를 읊은 것이다.
그러나 조금 차례가 같지 않나니[157]
말하자면 첫 번째 게송은 계단과 난간을 읊은 것이요
두 번째 게송은 나무숲을 읊은 것이요
세 번째 게송[158]은 연꽃(분타리)이 활짝 핀 것을 읊은 것이요
네 번째 게송은 당기[159]의 모습을 읊은 것이요
다섯 번째 게송은 성城과 주珠[160]를 읊은 것이요
여섯 번째 게송은 담장과 누각을 읊은 것이니
요繚 자는 얽힐 전纏 자의 뜻이다.
일곱 번째 게송은 장엄이 부처에 속함을 맺는 것을 읊은 것이니
첫 번째는 지나간 옛날의 원인이요
두 번째는 현재 여래의 힘이다.

157 그러나 조금 차례가 같지 않다고 한 것은 차례만 같지 않은 것이 아니라 함께 읊은 것도 있다. 혹 경에 없는 것도 게송에는 있다.

158 세 번째 게송은 장행문의 제구第九에 전단향에 부처님 소리 나는 광명 불꽃 마니도 은연중에 읊고 있다. 즉 위에 반 게송은 장행문의 제삼구에 분타리 꽃이 활짝 핀 것을 읊은 것이고, 아래 반 게송은 전단향에 부처님 소리 나는 광명 불꽃 마니를 읊은 것이다.

159 당기라고 한 것은 장행문의 제사구와 제오구에 당기를 함께 읊은 것이다.

160 주珠라고 한 것은 장행문의 제구구第九句에 광명 불꽃 마니이다.

經

爾時에 普賢菩薩이 復告大衆言호대 諸佛子야 一一香水海에 各有四天下微塵數香水河가 右旋圍遶하나니

그때에 보현보살이 다시 대중에게 일러 말하기를 모든 불자여, 낱낱 향수해에 각각 사천하에 작은 티끌 수만치 많은 향수하가 오른쪽으로 에워싸고 있나니

疏

第四에 海間香河니 卽隨一一心하야 同時相應功德이 流注也라 長行亦三하니 初는 擧數요 二에 一切下는 辯嚴이요 三에 若廣下는 結廣이라

제 네 번째 향수해 사이에 향수하(河)이니
곧 낱낱 마음을 따라 동시에 상응하는 공덕이 흘러들어 가는 것이다.
장행문에 또한 세 가지가 있나니
처음에는 향수하의 숫자를 거론한 것이요
두 번째 일체라고 한 아래는 장엄을 분별한 것이요
세 번째 만약 폭 넓게 설한다면이라고 한 아래는 폭 넓게 설한다는 것으로 맺는 것이다.

鈔

卽隨一一心者는 大海는 旣喩藏識하고 小海는 復表種子니 二皆心王故라 河는 表同時心所니 謂善十一과 遍行別境이니 二千福河가 流注心地니라

곧 낱낱 마음을 따른다고 한 것은 대해大海는 이미 장식藏識에 비유하였고[161] 소해小海는 다시 종자種子로 표하였으니,
둘이 다 심왕心王인 까닭이다.
하河는 동시에 심왕과 심소를 표한 것이니,
말하자면 선십일善十一과 변행오徧行五와 별경오別境五이니 이천 가지 복의 냇물(二千福河)이[162] 심지心地에 흘러 들어가는 것이다.

161 대해는 이미 장식藏識에 비유하였다고 한 것은 영인본 화엄 4책, p.7, 2행과 같은 책 p.41, 3행에도 말한 바 있다. 대해大海라고 한 것은 향수해이고, 바로 아래 소해小海는 향수하河이다.

162 이천 가지 복의 냇물이라고 한 것은, 『잡화기』에 말하기를 이십 심소에 낱낱이 각각 다함이 없는 복덕을 갖추고 있기에 곧 이 뜻을 나타내기 위한 까닭으로 낱낱 심소로 하여금 각각 열 가지 복덕을 갖추게 하고 전전히 미루어 넓힌즉 이천 가지 복덕의 냇물을 이루는 것이다. 기실은 이천일백 가지 복덕의 냇물이 있다 해야 합당하지만 소수를 들어 곧 생략한 까닭이라 하였다.

經

一切皆以金剛爲岸하며 淨光摩尼로 以爲嚴飾하며 常現諸佛의 寶色光雲과 及諸衆生의所有言音하며 其河所有의 漩澓之處에 一切諸佛의 所修因行에 種種形相이 皆從中出하며 摩尼爲網하며 衆寶鈴鐸하며 諸世界海에 所有莊嚴이 悉於中現하며 摩尼寶雲이 以覆其上호대 其雲이 普現華藏世界에 毘盧遮那의 十方化佛과 及一切佛의 神通之事하며 復出妙音하야 稱揚三世佛菩薩名하며 其香水中에 常出一切寶焰光雲하야 相續不絶하니라

일체가 다 금강으로써 언덕을 삼았으며
그 청정한 광명의 마니로써 장엄하여 꾸몄으며
항상 모든 부처님의 보배 색상 광명 구름과 그리고 모든 중생이 소유한 말소리를 나타내며
그 향하에 있는 바 소용돌이 처소에 일체 모든 부처님의 닦으신 바 인행시에 가지가지 형상이 다 그 가운데로 좇아 나오며
마니로 그물을 삼았으며
수많은 보배로 요령과 금탁을 삼았으며
모든 세계 바다에 있는 바 장엄이 다 그 가운데서 나타나며
마니의 보배 구름이 그 위를 덮되 그 구름이 널리 화장세계에 비로자나가 시방에 화현한 부처님과 그리고 일체 부처님의 신통한 일을 나타내며
다시 묘한 음성을 내어 삼세에 부처님과 보살의 이름을 칭양하며

그 향수 가운데 항상 일체 보배 불꽃 광명의 구름을 내어 상속하여 끊어지지 않게 하였습니다.

疏

二에 嚴中嚴事가 並無差別일새 故云一切皆以라하니 謂並用寶體寶嚴과 聖靈游集과 光雲相映과 萬象浮輝라 十句는 可知라

두 번째 장엄은 분별하는 가운데 장엄사가 아울러 차별이 없기에 그런 까닭으로 말하기를 일체가 다라고 하였으니,
말하자면 보배 자체와 보배 장엄과 성령이 유행하여 모이는 것과 광명의 구름이 서로 비치는 것과 만상이 부휘浮輝하는 것을 병용並用[163]한 것이다.
십구는 가히 알 수가 있을 것이다.[164]

---

163 병용並用이라 한 용用 자는 경문에 개이皆以라 한 이以 자이다.

164 십구는 가히 알 수가 있을 것이라고 한 것은 보배 자체라고 한 것은 제일구이고, 보배 장엄이라고 한 것은 제이구이고, 성령이 유행하여 모인다고 한 것은 제삼구와 제사구와 제오구이고, 광명의 구름이 서로 비친다고 한 것은 제육구와 제팔구와 제십구이고, 만상이 부휘한다고 한 것은 제구구이다.

經

若廣說者인댄 一一河에 各有世界海에 微塵數莊嚴하니라

만약 폭 넓게 설한다면 낱낱 항수하에 각각 세계의 바다에 작은 티끌 수만치 많은 장엄이 있다 할 것입니다.

疏

三에 結廣中에 旣繞小海之小河도 已有刹海에 塵數之嚴인댄 彌顯諸標結文이 非唯約事라 皆是一多無礙耳니라

세 번째 폭넓게 설한다는 것으로 맺는 가운데 이미 소해小海를 에워싼 소하小河에도 이미 세계의 바다에 작은 티끌 수만치 많은 장엄이 있었다면 더욱더 모든 총표와 결석문文이 오직 사실만을 잡은 것이 아니라 다 이것은 일一과 다多가 걸림이 없는 것을 나타낸 것이다.

經

爾時에 普賢菩薩이 欲重宣其義하야 承佛神力하야 觀察十方하고 而說頌言호대

淸淨香流滿大河하니 金剛妙寶爲其岸하니다

그때에 보현보살이 거듭 그 뜻을 선설하고자 하여 부처님의 위신력을 받아 시방을 관찰하고 게송을 설하여 말하기를

청정한 향수가 흘러 대하大河에 넘쳐나니
금강의 묘한 보배로 그 언덕을 삼았습니다.

疏

偈中에 初半偈는 頌岸體金剛이라

게송 가운데 처음에 반 게송은 언덕의 자체가 금강이라고 한 것[165]을 읊은 것이다.

165 언덕의 자체가 금강이라고 한 것은 장행문의 제일구이다.

經

寶末爲輪布其地하야 種種嚴飾皆珍好하니다

寶階行列妙莊嚴하며 欄楯周迴悉殊麗하며
眞珠爲藏衆華飾하며 種種纓鬘共垂下하니다

보배 가루로 바퀴를 삼아 그 땅 위에 펼쳐
가지가지로 장엄하여 꾸민 것이 다 진기하고 아름답습니다.

보배 계단은 줄지어 나열되어 묘하게 장엄하였으며
난간은 두루 돌아 다 수특하고 화려하며
진주로 창고를 삼고 수많은 꽃으로 꾸몄으며
가지가지 영락화만은 함께 아래로 늘어졌습니다.

疏

次에 一偈半은 頌摩尼嚴岸이라

다음에 한 게송 반은 마니로 언덕을 장엄했다[166]는 것을 읊은 것이다.

---

166 마니로 언덕을 장엄했다고 한 것은 장행문의 제이구이다.

經

香水寶光清淨色은 恒吐摩尼競疾流하며
衆華隨浪皆搖動하야 悉奏樂音宣妙法하니다

향수에 보배 광명과 청정한 색은
항상 마니를 토하고 나투어 빨리 흐르며
수많은 꽃은 파랑을 따라 다 요동하여
다 음악을 연주하고 묘한 법을 선설합니다.

疏

三에 一頌은 光雲言音이라

세 번째 한 게송은 부처님의 광명의 구름과 중생의 말소리라고 한 것[167]을 읊은 것이다.

167 부처님의 광명의 구름이라고 한 것과 중생의 말소리라고 한 것은 다 장행문의 제삼구이다.

經

細末栴檀作泥塗하니 一切妙寶同洄澓하며
香藏氛氳布在中하니 發焰流芬普周遍하니다

河中出生諸妙寶하니 悉放光明色熾然하며
其光布影成臺座하니 華蓋珠瓔皆具足하니다

摩尼王中現佛身하니 光明普照十方刹하며
以此爲輪嚴飾地하니 香水映徹常盈滿하니다

작은 가루 전단으로 반죽하여 앙금을 지으니
일체 묘한 보배가 다 돌아 소용돌이치며
향장의 기운이 그 가운데 퍼져 있으니
불꽃이 일어나고 향기가 흘러 널리 두루합니다.

향수하 가운데 모든 묘한 보배를 출생하니
다 광명을 놓아 색상이 치연하며
그 광명이 그림자를 펴 대좌를 이루니
꽃 일산과 진주영락을 다 구족하였습니다.

마니왕 가운데 부처님의 몸이 나타나니
광명이 널리 시방의 국토를 비추며

이로써 바퀴를 삼아 그 땅을 장엄하여 꾸미니
향수가 비춰 사무쳐 항상 넘쳐납니다.

疏

次에 三은 皆頌漩澓出影이라

다음에 세 가지 게송은 다 소용돌이[168]에서 부처님의 영상이 나왔다는 것을 읊은 것이다.

---

168 소용돌이 운운한 것은 장행문의 제사구이다.

經

摩尼爲網金爲鐸하야 遍覆香河演佛音하며
克宣一切菩提道와 及以普賢之妙行하니다

마니로 그물을 삼으며 금으로 영탁을 삼아
두루 향하를 덮어 부처님의 음성을 연설하며
능히 일체 보리도와
그리고 보현의 묘한 행을 선설합니다.

疏

七은 頌網鐸垂覆와 及總現諸嚴이니 前現事嚴이요 此說道行이라

일곱 번째 게송은 그물[169]과 영탁이 내려 덮었다는 것과 그리고 모든 장엄이 다 그 가운데 나타났다고 한 것을 읊은 것이니
앞[170]에 반 게송은 사실의 장엄을 나타낸 것이요
여기에 반 게송은 보리도와 묘한 행을 설한 것이다.

---

169 그물 운운한 것은 그물은 장행문의 제오구이고, 영탁은 장행문의 제육구이고, 모든 장엄은 장행문의 제칠구이다. 원문에 총현總現이라 한 총總 자는 실悉 자의 뜻이다.

170 앞이라고 한 것은 혹 칠송七頌 이전이고, 여기라고 한 것은 지금의 제칠송이라 하기도 한다.

經

寶岸摩尼極淸淨하야 恒出如來本願音하고
一切諸佛曩所行을 其音普演皆令見케하니다

보배 언덕에 마니가 지극히 청정하여
항상 여래의 본래 서원의 음성을 내고
일체 모든 부처님이 낭겁에 수행한 바를
그 음성으로 널리 연설하여 다 하여금 보게 합니다.

疏

八은 頌現佛依正이라

여덟 번째 게송은 부처님의 의보와 정보를 나타내었다고 한 것[171]을 읊은 것이다.

---

171 부처님의 의보와 정보를 나타내었다고 한 것은 구체적으로는 마니보배 구름이 비로자나 부처님의 의보와 정보를 나타내는 것을 말한다. 즉 장행문의 제팔구에 시방에 화현한 부처님이라고 한 것은 정보이고, 부처님의 신통의 일이라고 한 것은 의보이다. 그러나 제 여덟 번째 부처님의 의보와 정보를 나타내었다고 한 것을 읊은 것과 제 아홉 번째 물결에 묘한 음성을 낸다고 한 것을 읊은 것이 바뀌었다.

經

其河所有漩流處에 菩薩如雲常踊出하야
悉往廣大刹土中하며 乃至法界咸充滿하니다

그 향하에 있는 바 물이 돌아 흐르는 곳에
보살이 구름과 같이 항상 솟아나와
다 광대한 국토 가운데 왕래하며
내지 법계에 다 넘쳐납니다.

疏

九는 頌浪出妙音이라

아홉 번째 게송은 물결[172]에서 묘한 음성을 낸다고 한 것을 읊은 것이다.

172 물결 운운한 것은 장행문의 제구구이다.

經

清淨珠王布若雲하야 一切香河悉彌覆하며
其珠等佛眉間相하야 炳然顯現諸佛影하니다

청정한 구슬이 구름같이 펼쳐져
일체 향하에 다 가득 덮었으며
그 구슬이 부처님의 미간 백호상과 같아서
밝게 모든 부처님의 영상을 나타냅니다.

疏

十은 頌水出光雲이니 更有影略은 可以意得이라

열 번째 게송은 향수에 광명의 구름을 낸다고 한 것을 읊은 것이니 다시 그윽이 생략[173]된 것이 있는 것은 가히 뜻으로 얻을 것이다.

173 그윽이 생략 운운한 것은 가까이는 제 열 번째에 생략된 것을 말하고, 멀리는 전체 십구의 십송十頌에 생략된 것을 말한다 하겠다.

經

爾時에 普賢菩薩이 復告大衆言호대 諸佛子야 此諸香水河의 兩間之地에 悉以妙寶로 種種莊嚴하대

그때에 보현보살이 다시 대중에게 일러 말하기를 모든 불자여, 이 모든 향수하의 양변 사이에 땅이 다 묘한 보배로써 가지가지로 장엄되었으되

疏

第五는 河間華林이라 長行有三하니 初는 總標요 次에 一一下는 別顯이요 後에 其香水下는 總結이라

제 다섯 번째는 향수하 사이에 꽃숲이다.
장행문에 세 가지가 있나니
처음에는 한꺼번에 표한 것이요
다음에 낱낱이라고 한 아래는 따로 나타낸 것이요
뒤에 그 향수하라고 한 아래는 모두 맺는 것이다.

經

一一各有四天下에 微塵數衆寶莊嚴한 芬陀利華하야 周匝遍滿하며 各有四天下에 微塵數衆寶樹林하야 次第行列호대 一一樹中에 恒出一切諸莊嚴雲하며 摩尼寶王이 照耀其間하며 種種華香이 處處盈滿하며 其樹復出微妙音聲하야 說諸如來의 一切劫中에 所修大願하며 復散種種摩尼寶王하야 充遍其地하나니 所謂蓮華輪인 摩尼寶王과 香焰光雲인 摩尼寶王과 種種嚴飾한 摩尼寶王과 現不可思議莊嚴色하는 摩尼寶王과 日光明衣藏인 摩尼寶王과 周遍十方에 普垂布光網雲한 摩尼寶王과 現一切諸佛神變하는 摩尼寶王과 現一切衆生業報海하는 摩尼寶王이니 如是等有世界海微塵數하니라 其香水河의 兩間之地가 一一悉具如是莊嚴하니라

낱낱이 각각 사천하에 작은 티끌 수만치 많은 수많은 보배로 장엄한 분타리 꽃이 있어 두루 돌아 두루 가득하였으며
각각 사천하에 작은 티끌 수만치 많은 수많은 보배로 장엄된 수림이 있어 차례로 줄지어 나열되었으되 낱낱 나무 가운데 항상 일체 모든 장엄 구름을 내며
마니보배왕이 그 사이를 비추며
가지가지 꽃향기가 곳곳에 넘쳐나며
그 나무가 다시 기묘한 음성을 내어 모든 여래가 일체 세월(劫) 가운데 수행하신 바 큰 서원을 설하며

다시 가지가지 마니보배왕을 흩어 그 땅에 가득하고 두루하게 하나니,
말하자면 연꽃 바퀴인 마니보배왕과
향불 광명의 구름인 마니보배왕과
가지가지로 장엄하여 꾸민 마니보배왕과
가히 사의할 수 없는 장엄색을 나타내는 마니보배왕과
태양 광명의 옷 창고인 마니보배왕과
두루 시방에 널리 광명의 그물 구름을 내려 펼친 마니보배왕과
일체 모든 부처님의 신통변화를 나타내는 마니보배왕과
일체중생의 업보의 바다를 나타내는 마니보배왕이니 이와 같은 등이 세계의 바다에 작은 티끌 수만치 많이 있었습니다.
그리고 그 향수하의 양변 사이에 땅이 낱낱이 다 이와 같은 장엄을 갖추었습니다.

疏

別顯에 二事니 謂華及樹라 水陸各一이나 實有多事라 然此一段이 文勢少異하야 不列十事하야 以顯無盡하고 而但擧二하야 展轉明多하니 謂初一은 白蓮이요 後一은 寶樹라 於此一樹에 出五業用하니 一은 出莊嚴雲이요 二는 寶王照耀요 三은 華香盈滿이요 四는 出音演法이요 五는 雨寶遍地라 於中에 文有總別及結하고 別有八事하니 通三世間이라 初六은 現器요 次一은 現正覺이요 後一은 現衆生世間이라 如劍葉林等은 現惡業報요 天意樹等은 卽善業

報요 男女林中에 朝生暮落은 皆業報海라

두 번째 따로 나타내는데 이사二事가 있나니
말하자면 분타리 꽃과 그리고 보배 수림이다.
수상과 육상에 각각 일사一事가 있을 뿐이지만 실로는 다사多事가 있다.
그러나 이 일단의 문세가 조금 달라서 십사十事를 열거하여 무진無盡을 나타내지 않고 다만 이사二事만을 열거하여 전전히 다사多事를 밝혔나니
말하자면 처음에 일사는 백련白蓮이요,
뒤에 일사는 보배 수림이다.
이 한 수림에 오업五業의 작용을 내나니
첫 번째는 장엄 구름을 내는 것이요
두 번째는 보배왕이 비추는 것이요
세 번째는 꽃의 향기가 차서 넘쳐나는 것이요
네 번째는 음성을 내어 법을 연설하는 것이요
다섯 번째는 보배왕을 비 내려 그 땅에 두루하게 하는 것이다.

그 가운데 문장이 한꺼번에 표한 것(總標)과 따로 나타낸 것(別顯)과 그리고 모두 맺는 것(總結)이 있고 따로 나타낸 것에 팔사八事가 있나니 삼세간에 통하는 것이다.
처음에 육사六事는 기세간을 나타낸 것이요
다음에 일사一事는 지정각세간을 나타낸 것이요

뒤에 일사一事는 중생세간을 나타낸 것이다.
검엽림劍葉林[174]과 같은 등은 악업의 과보를 나타낸 것이요
천의수天意樹와 같은 등은 곧 선업의 과보를 나타낸 것이요
남녀림男女林 가운데 아침에 났다가 저녁에 떨어지는 것은 다 업보의 바다를 나타낸 것이다.

鈔

如劍葉林者는 其林樹葉이 猶如刀劍하나니 下卽傷人이라 天意樹者는 涅槃四十二問中에 當第二十四라 問云호대 云何觀三寶가 猶如天意樹닛가하니 言天意樹者는 隨天意轉故라하고 至第九經하야 方始答之云호대 復次善男子야 如菴羅樹와 及閻浮樹가 一年三變하나니 有時生華하야 光色敷榮하며 有時生葉하야 滋茂蓊鬱하며 有時凋落하야 狀如枯死하니라 善男子야 於意云何오 是樹實爲枯死不耶아 不也니다 世尊이시여 善男子야 如來亦爾하야 於三界中에 示三種身하나니 有時初生하며 有時長大하며 有時涅槃호대 而如來身은 實非無常이라하니 釋曰意明三寶가 隨物轉變이나 而實常存이 如天意樹가 隨天意轉이나 而實不死니 隨天之意인댄 明是善業이라

검엽림과 같다고 한 것은 그 숲에 나뭇잎이 비유하자면 칼과 같나니 떨어짐에 곧 사람을 상하게 하는 것이다.

174 검엽림劍葉林 등은 아래 초문에 잘 나타나 있다.

천의수라고 한 것은 『열반경』 사십이문四十二問 가운데 제이십사에 해당하는 것이다.

거기에 물어 말하기를 어떤 것이 삼보를 관찰하는 것이 비유하자면 천의수와 같습니까 하니, 천의수라고 말한 것은 하늘의 뜻을 따라 전하는 까닭이다 하고, 제구경第九經[175]에 이르러 바야흐로 처음 그 질문에 답하여 말하기를 다시 선남자야, 암마라 나무[176]와 그리고 염부제 나무가 일 년에 세 번씩 변현하는 것과 같나니,

어떤 때는 꽃이 피어 빛과 색깔이 두루 빛나며

어떤 때는 잎이 피어 매우[177] 무성하게 우거져[178] 울창하며

어떤 때는 시들어 낙엽 되어 모습이 말라죽은 것과 같다.

선남자야,[179] 너의 생각은 어떠하느냐. 이 나무가 진실로 말라 죽었다 생각하느냐.

아닙니다, 세존이시여.

---

175 제구경第九經이라고 한 것은 남장경 제구권이니 한글장경은 53권 열반부 1, p.174 상단에 있다. 청량스님은 앞에서는 북장경을 인용하였으나 지금 여기서는 남장경을 인용하였다. 전후의 인용본이 북장본이 다수이나 이와 같이 가끔 인용본이 다른 것은 청량스님이 누구의 인용본을 그대로 인용한 것이거나 아니면 현재 당신 옆에 보이는 본을 손쉽게 인용한 때문이라 여겨진다. 나도 현재 화엄본이 여러 가지가 내 책상 옆에 있으나 그때그때 가장 손쉬운 것을 쓴다.

176 암마라 나무는 『잡화기』에 곧 천상에도 또한 저런 등의 나무가 있다 하였다.

177 滋는 심할 자이다.

178 蓊은 우거질 옹이다.

179 선남자는 가섭보살을 말한다.

선남자야, 여래도 또한 그러하여 삼계 가운데 세 가지 몸을 시현하나니,
어떤 때는 처음 태어남을 보이며
어떤 때는 장대함을 보이며
어떤 때는 열반함을 보이지만 여래의 몸은 진실로 무상하지 않다 하였으니,
해석하여 말하면 그 뜻은 삼보가 중생을 따라 전변하지만 진실로 항상 있는 것이 마치 천의수가 하늘의 뜻을 따라 전변하지만 진실로 죽지 않는다고 함을 밝힌 것이니,
하늘의 뜻을 따른다고 하였다면 분명히 이것은 선업이다.

男女林者는 卽楞伽第一百六問에 云何男女林가하고 一百七問에 云何訶梨勒이며 阿摩勒인가하니 解曰謂令觀世間호대 如男女林等이라 依立世阿毘曇論第一云인댄 閻浮提林外에 有二林하니 一은 名訶梨勒이요 二는 名阿摩勒이라 此二林南에 復有七林하고 中有人林하니 是人林中에 果形如人호대 如閻浮提의 聖人王種하야 若男子十六歲하고 如女十五歲하야 莊嚴具足하고 狀如行嫁하니라 是人林果는 可愛如是하고 其子蔕形은 如人頭髻하나니 未離欲者는 見此果子하면 便生愛心하리라 諸外道等은 有離欲人이라도 若見此果하면 卽失禪定하고 欲心還生하리라 其子熟時엔 唯鳥競食하나니 鳥食之餘가 殘落於地하면 如尸陀林하야 甚可厭惡니라 退禪定者가 見是相已에 深生厭離하야 還得本定이라하니 意表世間의 男女如林하고 所見榮飾이 悉皆如幻하야 與此無別이라 遍計所執으로 妄謂之實이나 菩薩

觀之에 都無所有일새 故楞伽云호대 觀諸衆生을 如死屍無知하라하나 以妄想故로 見有往來하나니 若離妄想하면 如彼死屍에 無鬼入中하야云爲自在라하니라 故有經說호대 菩薩所見은 世間資生이 無非實相이라하니 此之謂矣니라

남녀림이라고 한 것은 곧 『능가경』 제일백육문第一百六問[180]에 어떤 것이 남녀림인가 하고, 일백칠문에 어떤 것이 하리륵이며 아마륵인가 하였으니,
해석하여 말하면 말하자면 하여금 세간을 관찰하게 하되 남녀림과 같이 하게 한다는 등이다.
『입세[181]아비담론』 제일권을 의지하여 말한다면 염부제 숲 밖에 두 숲이 있나니
첫 번째는 이름이 하리륵[182]이요,
두 번째는 이름이 아마륵이다.
이 두 숲의 남쪽에 다시 일곱 숲이 있고 그 가운데 인림人林이 있나니, 이 인림 가운데 과실의 형상이 사람과 같으되 염부제에 승인勝人인 왕족과 같아서 남자의 열여섯 살짜리와 같고 여자의 열다섯 살짜리와 같이 장엄을 구족하고 형상을 행가行嫁[183]와 같이 하고 있다.

---

180 일백육문一百六問이란, 『능가경』 一百八問 중에 第一百六問이다.

181 입세立世란, 세간世間에 대하여 있다는 이론을 세우는 것이다. 이 『입세아비담론』은 진제가 번역하였다.

182 하리륵은 과실나무 이름이다.

183 행가行嫁란, 출가出嫁하는 모습을 말한다. 즉 처녀가 시집가는 모습이다.

이 인림의 과실은 가히 좋아할 만한 것이 이와 같고, 그 열매의 꼭지 모양은 사람의 머리에 상투와 같나니
아직 애욕을 떠나지 못한 사람은 이 과실을 보면 문득 애욕의 마음을 일으키게 될 것이다.
모든 외도 등은 애욕을 떠난 사람이 있다 할지라도 만약 이 과실을 보게 되면 곧 선정을 잃고 애욕의 마음을 도리어 일으키게 될 것이다.
그 열매가 익을 때는 오직 새들이 다투어 먹나니,
새가 먹고 남은 것이 조금이라도 땅에 떨어지면 시타림과 같아서 심히 가히 염오厭惡해야 할 것이다.
선정에서 물러난 사람이 이 모습을 보아 마침에 깊이 염리厭離하는 마음을 내어 도리어 본 선정을 얻었다 하였으니,
그 뜻은 세간에 남녀가 숲과 같고 본 바 영화와 엄식嚴飾이 다 환과 같아서 이로 더불어 다름이 없음을 표한 것이다.
변계소집으로 허망한 것을 진실이라 말하지만 보살이 그것을 관찰함에 도무지 있는 바가 없기에, 그런 까닭으로 『능가경』에 말하기를 모든 중생 관찰하기를 죽은 시체가 무지함과 같이 하라 하였지만 망상인 까닭으로 왕래가 있음을 보나니,
만약 망상을 떠나면 마치 저 죽은 시체에 귀신이 그 가운데 들어갈[184]

---

184 죽은 시체에 귀신이 그 가운데 들어간다고 한 것은 고래로 강사가 아타나귀阿陀那鬼는 여기서 말하면 무질귀無質鬼이니 중생이 망상을 떠나면 곧 자재한 것이 귀신과 같다 하였다. 혹자는 망상을 떠나면 왕래往來를 볼 수 없는 것이 마치 죽은 시체 가운데는 원래부터 귀신이 자재로 들어갈 일이 없는 것과 같다 하였다. 이상은 『잡화기』의 말이다.

수 없는 것과 같아서 말하고 행동하는 것이[185] 자재할 것이다 하였다. 그런 까닭으로 어떤 경에 말하기를 보살이 보는 바는 세간에 자생資生이 실상이[186] 아님이 없다 하였으니
이것을 말하는 것이다.

疏

如是等下는 且結樹之雨寶가 已有刹海塵數니 例上出雲等四인댄 一一皆然하야 一樹之中에 已有多刹海之嚴矣요 次例芬陀利華인댄 亦同於樹하야 其華與樹가 各有四天下塵하야 一一皆爾하니라 如華樹等類하야 復應有刹海塵數之物일새 故爲無盡之嚴也니라

이와 같은 등이라고 한 아래는 또 보배 나무에서 보배를 비 내린 것이 이미 국토 바다에 작은 티끌 수만치 많이 있다고 맺는 것이니, 위에 장엄 구름을 낸다[187]는 등 네 가지를 비례한다면 낱낱이 다 그러하여 한 나무 가운데 이미 수많은 국토 바다에 장엄이 있었고,[188]

---

185 말하고 행동하는 것이라고 한 것은, 운云이란 언어言語(말)이고, 위爲란 행동이다.

186 자생資生이라고 한 것은 자생지물資生之物이니 의衣, 식食, 주住이다. 실상이라고 한 것은 『잡화기』에 모든 상相이 곧 상(실상)이 아님이 없다는 것이 이것인 까닭이다 하였다. 모든 상이 곧 상이 아니라고 한 것은 『금강경』의 말이다.

187 위에 장엄 구름을 낸다고 한 등은 곧 위에 별석別釋이다. 지금은 총결總結이다.

다음에 분타리 꽃을 비례한다면 또한 보배 나무와 같아서 그 꽃과 더불어 나무가 각각 사천하 티끌 수만치 많이 있어서 낱낱이 다 그러한 것이다.[189]

꽃과 나무 등의 유형과 같아서 다시 응당 국토 바다에 작은 티끌 수만치 많은 사물이 있을 것[190]이기에 그런 까닭으로 끝없는 장엄을 삼은 것이다.

---

188 장엄이 있었다고 한 것은 과거를 말한다.

189 다 그러한 것이다고 한 것은 현재를 말한다.

190 사물이 있을 것이라고 한 것은 미래를 말한다.

經

爾時에 普賢菩薩이 欲重宣其義하야 承佛神力하야 觀察十方하고 而說頌言호대

其地平坦極清淨하며 眞金摩尼共嚴飾하며
諸樹行列蔭其中하고 聳幹垂條萃若雲하니다

枝條妙寶所莊嚴이며 華焰成輪光四照하며
摩尼爲果如雲布하야 普使十方常現覩하니다

摩尼布地皆充滿하고 衆華寶末共莊嚴하며
復以摩尼作宮殿하야 悉現衆生諸影像하니다

諸佛影像摩尼王을 普散其地靡不周케하니
如是赫奕遍十方하야 一一塵中咸見佛하니다

妙寶莊嚴善分布하고 眞珠燈網相間錯하며
處處悉有摩尼輪하야 一一皆現佛神通하니다

衆寶莊嚴放大光하고 光中普現諸化佛하야
一一周行靡不遍거늘 悉以十力廣開演하니다

그때에 보현보살이 거듭 그 뜻을 선설하고자 하여 부처님의 위신력을 받아 시방을 관찰하고 게송을 설하여 말하기를

그 땅은 평탄하고 지극히 청정하며
진금 마니로 함께 장엄하고 꾸몄으며
모든 보배 나무가 줄지어 나열되어 그 가운데 그늘을 내리고
솟은 줄기와 늘어진 가지가 모여 구름과 같습니다.

나뭇가지는 묘한 보배로 장엄한 바이며
꽃의 불꽃은 바퀴를 이룬 광명으로 사방을 비추며
마니로 과실을 삼아 구름과 같이 펼쳐
널리 시방으로 하여금 항상 나타내어 보게 합니다.

마니를 땅에 펼쳐 다 넘쳐나게 하고
수많은 꽃과 보배 가루로 함께 장엄하였으며
다시 마니로써 궁전을 지어
다 중생의 모든 영상을 나타냅니다.

모든 부처님의 영상인 마니왕을
널리 그 땅에 흩어 두루하지 아니함이 없게 하니
이와 같이 밝게 빛나 시방에 두루하여
낱낱 티끌 가운데 다 부처님을 봅니다.

묘한 보배로 장엄한 것이 잘 분포되었고
진주 등불 그물이 서로 사이에 섞이어 있으며
곳곳에 다 마니 바퀴가 있어서
낱낱이 다 부처님의 신통을 나타냅니다.

수많은 보배로 장엄한 것이 대광명을 놓고
광명 가운데 널리 모든 화신불을 나타내어
낱낱 부처님이 두루 행하여 두루하지 아니함이 없거늘
다 십력十力으로써 널리 열어 연설합니다.

疏

後에 應頌은 不次라 文分爲三하리니 初六은 頌寶樹라

뒤에 응송은 차례가 같지 않다.
문장을 나누어 세 가지로 하리니
처음에 여섯 게송은 보배 나무를 읊은 것이다.

經

摩尼妙寶芬陀利가　一切水中咸遍滿하며
其華種種各不同이나 悉現光明無盡歇하니다

마니의 묘한 보배로 장엄한 분타리 꽃이
일체 향수 가운데 다 두루 넘쳐나며
그 꽃이 가지가지로 각각 같지 않지만
다 광명을 나타내기를 다함이 없이 합니다.

疏

次一은 頌白蓮華라

다음에 한 게송은 백련화를 읊은 것이다.

經

三世所有諸莊嚴이 摩尼果中皆顯現이나
體性無生不可取니 此是如來自在力이니다

此地一切莊嚴中에 悉現如來廣大身이나
彼亦不來亦不去니 佛昔願力皆令見케하니다

此地一一微塵中에 一切佛子修行道호대
各見所記當來剎이 隨其意樂悉清淨하니다

삼세에 있는 바 모든 장엄이
마니 과실 가운데 다 나타나지만
그 자체성은 난 적이 없어 가히 취할 수 없나니
이것은 여래의 자재한 힘입니다.

이 땅의 일체 장엄 가운데
다 여래의 광대한 몸을 나타내지만
저 여래가 또한 온 적도 없고 또한 간 적도 없나니
부처님의 옛날에 원력으로 다 하여금 보게 합니다.

이 땅의 낱낱 작은 티끌 가운데
일체 불자가 도를 수행하되

각각 수기한 바 당래의 국토가
그들의 뜻에 좋아함을 따라 다 청정함을 봅니다.

疏

後三은 結嚴所因이니 謂由佛等力하야 明體用無礙하야 現而常如라 然此三偈가 有多意趣하니 一者는 初一偈는 則器世間이요 次一은 智正覺이요 後一은 衆生이니 欲明一一事中에 皆現三世間嚴이로대 影略其文耳니라

뒤에 세 가지 게송은 장엄의 원인하는 바를 맺는 것이니
말하자면 부처님의 평등한 힘을 인유하여 자체와 작용이 걸림이 없어서 나타나지만 항상 여여함을 밝힌 것이다.
그러나 이 세 가지 게송[191]이 많은 뜻이 있나니
첫 번째[192]는 처음에 한 게송은 곧 기세간이요
다음에 한 게송은 지정각 세간이요
뒤에 한 게송은 중생세간이니,
낱낱 사실 가운데 다 삼세간의 장엄이 나타난 것을 밝히고자 해야 할 것이나 그윽이 그 문장을 생략하였을 뿐이다.

---

191 원문에 차게此偈라고 한 것은 세 가지 게송을 모두 가리켜 그렇게 말한 것이다. 혹 연차然此 아래에 三字가 빠졌다 하였으니, 다 『잡화기』의 말이다.

192 원문에 일자一者라고 한 아래는 육중六重 가운데 제일중第一重이니 차하 초문에 잘 밝히고 있다.

鈔

然此三偈下는 別釋이니 示難思相이라 總有六重하니 六重之中에 皆通三偈나 而各取一句中言이라 又此四句가 各是一義니 如第一偈에 初句는 所現之境이요 二는 能現之處요 三은 所現相이요 四는 能現之因이라 下二例然하니라 其第一重에 料揀은 約所現不同이니 三偈가 各一世間이나 而初偈는 是初句요 次偈는 是第二句요 後偈는 是第二三兩句라 影略其文者는 謂隨一能現하야 現三世間이나 今各擧其一일새 故云影略이라하니 非但此義라 六重皆影略이라

그러나 이 세 가지 게송이라고 한 아래는 두 번째 따로 해석한 것이니
사의하기 어려운 모습을 시현한 것이다.
모두 육중六重이 있나니
육중 가운데 다 세 가지[193] 게송을 통석하였으나 각각 일구一句 가운데를 취하여 말하였다.
또 이 사구四句가 각각 한 가지 뜻이니
제일 첫 번째 게송에 처음 구절은 나타낼 바(所現) 경계요
두 번째 구절은 능히 나타내는(能現) 처소요
세 번째 구절은 나타낼 바(所現) 모습이요
네 번째 구절은 능히 나타내는(能現) 원인이다.
아래에 두 게송도 예例가 그렇다.

193 一偈라 한 一 자는 三 자라 해야 한다고 『잡화기』는 말한다.

그 제일중第一重에 헤아려 가린[194] 것은 소현所現이 같지 아니함을 잡은 것이니
세 가지 게송이 각각 한 세간이지만 처음 게송은 이 처음 구절이요,
다음 게송은 이 제 두 번째 구절이요,
뒤에 게송은 이 제 두 번째와 세 번째의 두 구절이다.

그윽이 문장을 생략하였다고 한 것은 말하자면 하나의 능현能現을 따라서 삼세간을 나타낼 것이지만 지금에는 각각 한 세간만을 들었기에[195] 그런 까닭으로 말하기를 그윽이 생략하였다 하였으니,
다만 이 뜻뿐만이 아니라 육중[196]을 다 그윽이 생략하였다는 것이다.

疏

又初는 明一果能現이요 次는 例一切莊嚴이요 後는 明塵塵皆爾니

---

194 헤아려 가린다고 한 아래에 초初 자는 마땅히 약約 자라 해야 하고, 그 아래 구句 자는 없는 것이 좋다. 혹은 초구初句라는 두 글자가 다 없는 것이 좋다고도 하나니 그렇다면 해석을 그 제일중은 소현이 같지 아니함을 헤아려 가린 것이라고 해야 할 것이다.

195 지금에는 각각 한 세간만을 들었다고 한 것은 이미 소문에서 말한 것처럼 처음에 게송은 기세간이고, 다음에 게송은 지정각세간이고, 뒤에 게송은 중생세간이다.

196 육중이라고 한 것은 이미 제일중으로써 나머지 오중을 비례한즉 지금에 육중이라 말한 것은 능히 비례하고 비례하는 바를 갖추어 거론한 까닭이라고 『잡화기』는 말한다.

從略至廣이며 從麁至細라

또 처음에 게송은 한 마니 과실에 능히 나타내는 것을 밝힌 것이요
다음에 게송은 일체 장엄을 비례한 것이요
뒤에 게송은 낱낱 티끌에도 다 그러함을 밝힌 것이니,
약설을 좇아 광설에 이르며 추설을 좇아 세설에 이르는 것이다.

鈔

又初는 明一果能現下는 第二重이니 約現處明인댄 初偈는 是第二句요 後二偈는 皆第一句라

또 처음에 게송은 한 마니 과실에 능히 나타내는 것을 밝힌 것이라고 한 아래는 제이중第二重이니
능히 나타내는(能現) 처소를 잡아서 밝힌다면 처음에 게송은 제두 번째 구절이요
뒤에 두 게송은 다 제일 첫 번째 구절이다.

疏

又初는 明佛力이요 次는 彰願力이요 後는 隨樂力이라

또 처음에 게송은 부처님의 힘을 밝힌 것이요
다음에 게송은 서원의 힘을 밝힌 것이요

뒤에 게송은 좋아함을 따르는 힘을 밝힌 것이다.

鈔

又初는 明佛力下는 第三重이니 約能現因差하야 各顯一因이니 皆第四句라

또 처음에 게송은 부처님의 힘을 밝힌다고 한 아래는 제삼중第三重이니
능히 나타내는(能現) 원인이 차별함을 잡아서 각각 한 원인을 나타낸 것이니
다 제 네 번째 구절이다.

疏

又初는 果요 後는 因이요 願은 通因果라

또 처음에 게송은 과보요
뒤에 게송은 원인이요
두 번째 게송에 서원은 원인과 과보에 통하는 것이다.

鈔

又初果後因下는 第四重이니 亦約現因明異니 重釋第四句나 而約

因果不同이라

또 처음에 게송은 과보요 뒤에 게송은 원인이라고 한 아래는 제사중第四重[197]이니
또한 능히 나타내는(能現) 원인을 잡아서 다름을 밝힌 것이니, 거듭 제 네 번째 구절을 해석한 것이지만 원인과 과보가 같지 아니함을 잡은 것이다.

疏

又初는 自요 後는 他요 願은 通自他라

또 처음에 게송은 자리요
뒤에 게송은 이타요[198]
두 번째 게송에 서원은 자리이타에 통하는 것이다.

---

197 원문에 인자因者라 한 자者 자는 하下 자가 좋고, 시제是第라 한 시是 자는 없는 것이 좋다.

198 뒤에 게송은 이타라고 한 것은 그 의락(意樂: 영인본 화엄 4책, p.60, 8행 수기의락隨其意樂이라 한 것)은 곧 중생을 이익케 하는 의락인 까닭이다. 강사는 말하기를 의락은 이 중생의 의락이라 하였으니 이상은 다 『잡화기』의 말이다.

鈔

又初自下는 第五重이니 亦約能現因이니 句亦第四나 約二利不同이라

또 처음에 게송은 자리라고 한 아래는 제오중第五重[199]이니
또한 능히 나타내는(能現) 원인을 잡는 것이니,
구절도 또한 제 네 번째 구절이지만 이리二利가 같지 아니함을 잡은 것이다.

疏

又初는 明卽性無性일새 體本不生이요 次는 明卽相無相일새 現無來去요 後는 明不壞於相일새 各見不同이라

또 처음에 게송은 곧 자체성은 자성이 없기에 자체가 본래 난 적이 없음을 밝힌 것이요
다음에 게송은 곧 모습은 모습이 없기에 나타나지만 오고 감이 없음을 밝힌 것이요
뒤에 게송은 각자 모습을 무너뜨리지 않기에[200] 각각 보는 것이 같지 아니함을 밝힌 것이다.

---

199 제오第五라는 말 아래 중重 자가 있는 것이 좋다.

200 각자 모습을 무너뜨리지 않는다고 한 것은 각각 자기 모습을 무너뜨리지 않고 가지고 있다는 것이다.

鈔

又初는 明卽性無性下는 第六重이니 約所現性相하야 明差라 三偈가 皆第三句니 以各見不同은 同體無來等이라 此之一義를 更須解釋호리니 謂若順上釋인댄 旣從佛力等因일새 故로 所現之體가 卽無生等이라 二者는 此句도 亦是能現이니 由體無生일새 故로 現而叵取요 稱性而來일새 故無來去요 隨機隱顯일새 各見不同이라

또 처음[201]에 게송은 곧 자체성은 자성이 없기에 자체가 본래 난 적이 없음을 밝힌 것이라고 한 아래는 제육중第六重이니

나타낸 바 자성(性)과 모습(相)을 잡아서 차별함을 밝힌 것이다.

세 가지 게송이 다 제 세 번째 구절이니

각각 보는 것이 같지 아니한 것은 자체가 같아서 오고 감이 없다는 등이다.

이 한 가지 뜻을 다시 반드시 해석해야 하나니,

말하자면 만약 위에서 해석한 것을 따른다면 이미 부처님의 힘 등[202] 원인을 좇았기에 그런 까닭으로 나타내는 바 자체가 곧 난 적이 없다는 등이다.

두 번째는 이 구절도 또한 능히 나타내는(能現) 것이니

자체가 난 적이 없음을 인유하기에 그런 까닭으로 나타나 있지만[203] 취하는 것은 불가한 것이요

---

201 초初 자 앞에 앞의 초문에 예를 볼 때 우又 자가 있는 것이 좋다.

202 힘 등이라고 한 것은 서원의 힘과 좋아함을 따르는 힘을 등취等取한 것이다.

자성에 칭합하여 오기에 그런 까닭으로 가고 옴이 없는 것이요 근기를 따라 숨기도 하고 나타나기도 하기에 각각 보는 것이 같지 아니한 것이다.

疏

方顯華藏之嚴이 皆言亡慮絶하야 非可情求也니라

바야흐로 화장세계의 장엄이 다 말을 잃고 생각을 끊어 가히 망정으로 구할 것이 아님을 나타낸 것이라 할 것이다.

---

203 나타나 있다고 말한 것은 뒤에 이단도 또한 응당 다 이 문장이 있다는 것이다. 그러나 이 가운데 앞의 두 게송에 제 세 번째 구절(영인본 화엄 4책, p.60, 3행에 체성무생불가취體性無生不可取와 5행에 피역불래역불거彼亦不來亦不去)을 능히 나타내는 것이라고 한 것은 쉽게 알 수 있거니와, 그 뒤에 게송에 제 세 번째 구절(영인본 화엄 4책, p.60, 7행에 각견소기당래찰各見所記當來刹)을 능히 나타내는 것에 배속한 것은 강사가 말하기를 수기한 바 당래에 국토라고 한 것이 곧 이 위에 능히 나타낸다 한 이 땅(국토)이니, 이것은 곧 이 땅(국토)의 미진 가운데 나타난 바 불자가 도리어 능히 이 땅에 나타나는 것을 보는 것이다 하였다. 그러나 어리석은 나는 곧 각견各見(영인본 화엄 4책, p.60, 7행)이라는 두 글자를 뜻으로 취한 것이라고 보나니, 말하자면 소견은 취하지 않고 능견만 취한 까닭이다. 그러한즉 앞의 두 게송에 제 세 번째 구절을 능히 나타내는 것이라고 한 것은 말하자면 능히 나타내는 처소에 속하고, 뒤에 한 게송의 제 세 번째 구절을 능히 나타내는 것이라고 한 것은 말하자면 능히 나타내는 원인에 속하는 것이니 생각할 것이다. 다 『잡화기』의 말이다.

經

爾時에 普賢菩薩이 復告大衆言호대 諸佛子야 諸佛世尊의 世界海莊嚴은 不可思議하니라

그때에 보현보살이[204] 다시 대중에게 일러 말하기를 모든 불자여, 모든 부처님 세존의 세계 바다에 장엄은 가히 사의할 수 없습니다.

疏

第六은 總結莊嚴이니 上來諸段에 雖說莊嚴이나 猶未能盡일새 故今總顯이라 一一之境이 若說不說거나 皆具刹海塵數의 功德莊嚴하니 是以文云호대 一切境界라하니라 長行文二하니 先은 標莊嚴難測이라

제 여섯 번째[205]는 장엄을 모두 맺는 것이니
상래의 모든 단락에서 비록 장엄을 설하였지만 오히려 능히 다 설하지 못하였기에 그런 까닭으로 지금에 모두 다 나타낸 것이다.

---

204 그때에 보현보살이라고 한 등은 영인본 화엄 4책, p.29, 5행에서 시작된 말을 여기서 맺는 것이다.

205 제육第六이라고 한 아래에 변辯 자는 없는 것이 좋다. 제 여섯 번째(第六)는 위의 육단 가운데 제 여섯 번째(第六段)이니 영인본 화엄 4책, p.29, 8행에 있다. 바로 아래 장엄을 모두 맺는다고 한 것은 이미 말한 것처럼 영인본 화엄 4책, p.29, 5행에서 시작한 말을 여기에서 모두 맺는다는 것이다.

화장세계의 낱낱 경계가 혹 설하거나 설하지 않거나 다 국토 바다에
작은 티끌 수만치 많은 공덕 장엄을 갖추었나니
그런 까닭으로 경문에 말하기를 일체 경계라 하였다.[206]
장행문에 두 가지가 있나니
먼저는 장엄은 측량하기 어려움을 표한 것이다.

206 경문에 말하기를 일체 경계라 한 것은 바로 아래 경문이다.

經

何以故요 諸佛子야 此華藏莊嚴世界海에 一切境界가 一一皆以世界海에 微塵數清淨功德之所莊嚴이니라

무슨 까닭인가.
모든 불자여, 이 화장장엄세계의 바다에 일체 경계가 낱낱이 다 세계의 바다에 작은 티끌 수만치 많은 청정한[207] 공덕으로 장엄한 바입니다.

疏

二에 何以下는 徵釋所由라 清淨功德은 文含二義니 一은 謂衆多果嚴이 卽是清淨功德이요 二는 謂一一果嚴이 從多清淨功德因生이라 以因望果인댄 應成四句니 謂多因一果요 一因多果等이라 故로 隨一一事하야 卽曰難思라하니라

두 번째 무슨 까닭인가라고 한 아래는 그 이유를 묻고 해석한 것이다.[208]

---

207 청정이라고 한 등은 지업석과 의주석의 두 가지 해석이 있나니 가히 알아볼 수 있을 것이다. 이상은 『잡화기』의 말이나 소문에 보면 두 가지로 해석하여 잘 나타내었으니 잘 살펴볼 것이다.

208 묻고 해석한 것이라고 한 것은 경문에 무슨 까닭인가 한 것은 묻는 것이요, 바로 아래 모든 불자여라고 한 아래는 해석한 것이다.

청정한 공덕이라고 한 것은 문장에 두 가지 뜻을 포함하였나니
첫 번째는 말하자면 수많은 과보의 장엄이 곧 이 청정한 공덕이요
두 번째는 말하자면 낱낱 과보의 장엄이 수많은 청정한 공덕의 원인을 좇아서 나온 것이다.
원인으로써 과보를 바라본다면 응당 사구四句를 이루나니
말하자면 수많은 원인에 하나의 과보요, 하나의 원인에 수많은 과보 등이다.
그런 까닭으로 낱낱 일을 따라서 곧 말하기를 사의하기 어렵다[209] 하였다.

鈔

應成四句者는 文出二句니 三은 一因一果요 四는 多因多果라 隨修一行하야 無德不招니 廣如問明과 及昇兜率品하니라 四句相融일새 故로 一一難思니라

응당 사구를 이룬다고 한 아래는 소문에 두 구절을 설출하였으니
세 번째는 하나의 원인에 하나의 과보요,
네 번째는 수많은 원인에 수많은 과보이다.
한 행을 닦음을 따라서[210] 공덕을 초래하지 아니함이 없나니

---

209 원문에 난사難思란, 세계해미진수世界海微塵數를 의미한다.

210 한 행을 닦음을 따라 운운한 것은 四句를 모두 설출하는 뜻이라고 『잡화기』는 말한다.

폭넓게 설한 것은 문명품과 그리고 승도솔천궁품과 같다.
사구四句가 서로 융섭하기에 그런 까닭으로 낱낱이 사의하기가 어려운 것이다.

疏

是以頌云호대 但由如來昔所行과 神通願力而出生이라하니 斯卽因也라 若語果嚴인댄 略有五相하니 一者는 令多니 周給一切라

이런 까닭으로 게송에 말하기를[211] 다만 여래가 옛날에 수행한 바와 신통과 원력을 인유하여 출생하였다 하였으니
이것은 곧 원인이다.
만약 과보의 장엄을 말한다면 간략하게 오상五相이 있나니
첫 번째는 하여금 많게 하는 것이니
일체에 두루 공급하게 하는 것이다.

鈔

一者에 令多等者는 第四偈中에 一切刹海咸周遍이라하니 是令周給他也라

첫 번째 하여금 많게 하는 것이라고 한 것은 제 네 번째 게송 가운

211 게송 운운한 것은 이 아래 제 여섯 번째 게송이니 영인본 화엄 4책, p.68, 6행에 있다.

데[212] 일체 국토의 바다에 다 두루하게 하였다 하였으니
이것이 하여금 저[213] 일체에 두루 공급하게 한다는 것이다.

疏

二者는 令常이니 永無乏絶이라

두 번째는 하여금 항상하게 하는 것이니
영원히 모자라 끊어짐이 없게 하는 것이다.

鈔

第二偈中에 靡暫停이라하며 第三偈中에 恒聞見이라하니 是令常也라

제 두 번째 게송 가운데 잠시도 머무름이 없게 한다 하였으며
제 세 번째 게송 가운데 항상 듣고 보게 한다 하였으니
이것이 하여금 항상하게 한다는 것이다.

疏

三者는 令妙니 悅可衆心이라

---

212 게偈 자 아래 중中 자가 있는 것이 좋다.

213 타他 자는 혹 연자衍字라 하기도 한다.

세 번째는 하여금 묘호하게 하는 것이니
가히 중생의 마음을 기쁘게 하는 것이다.

鈔

第三偈中에 其音美妙라하니 是令妙也라

제 세 번째 게송 가운데 그 음성이 아름답고 묘호하다 하였으니
이것이 하여금 묘호하게 한다는 것이다.

疏

四者는 稱性이니 無生無相이라

네 번째는 자성에 칭합하는 것이니
남도 없고 모습도 없는 것이다.

鈔

第十偈中에 無等無生無有相이라하니 是稱性也라

제 열 번째 게송 가운데 같을 수도 없고 난 적도 없고 모습도 없다 하였으니
이것이 자성에 칭합한다는 것이다.

疏

五者는 自在니 鎔融無礙니 偈文具之라 總斯五義일새 故曰難思어든 況因果相卽이리요

다섯 번째는 자재이니
용해하여 융합하여서 걸림이 없는 것이니 게송문에 다 갖추어 있다.
이 다섯 가지 뜻[214]을 총괄하기에 그런 까닭으로 사의하기 어렵다고 말한 것이어든 하물며 인과가 서로 즉卽하는 것이겠는가.

鈔

第八偈中에 能於一切微塵中에 普現其身淨衆剎이라하며 及第九偈中에 一剎那中悉能現이라하니 皆自在也라

제 여덟 번째 게송 가운데[215] 능히 일체 작은 티끌 가운데 널리 그 몸을 나타내어 수많은 국토를 청정케 한다 하였으며,
그리고 제 아홉 번째 게송 가운데[216] 한 찰나 가운데 다 능히 나타낸다 하였으니
다 자재인 것이다.

---

214 이 다섯 가지 뜻이라고 한 아래는 즉 경문에 부사의라고 한 것에는 이 다섯 가지 뜻을 가지고 있다는 것이다.

215 게偈 자 아래 등等 자는 연자衍字라 하나 중中 자가 더 좋다.

216 게偈 자 아래 중中 자가 있는 것이 좋다.

經

爾時에 普賢菩薩이 欲重宣其義하야 承佛神力하야 觀察十方하고 而說頌言호대

此刹海中一切處가 悉以衆寶爲嚴飾하며
發焰騰空布若雲하고 光明洞徹常彌覆하니다

摩尼吐雲無有盡하니 十方佛影於中現하며
神通變化靡暫停하니 一切菩薩咸來集하니다

一切摩尼演佛音하니 其音美妙不思議하며
毘盧遮那昔所行을 於此寶內恒聞見케하니다

清淨光明遍照尊이 莊嚴具中皆現影하시니
變化分身衆圍遶하야 一切刹海咸周遍케하니다

그때에 보현보살이 거듭 그 뜻을 선설하고자 하여 부처님의 위신력을 받아 시방을 관찰하고 게송을 설하여 말하기를

이 국토의 바다 가운데 일체 처소가
다 수많은 보배로 장엄하여 꾸몄으며
불꽃은 일어나 허공에 올라 구름같이 펼쳐졌고

광명은 밝게 사무쳐 항상 가득 덮었습니다.

마니가 구름을 토해 내기를 끝없이 하니
시방에 부처님의 그림자가 그 가운데 나타나며
신통과 변화를 잠시도 머무름이 없게 하니
일체 보살이 다 와서 모였습니다.

일체 마니가 부처님의 음성을 내니[217]
그 음성이 아름답고 묘호하여 사의하기 어려우며
비로자나가 옛날에 수행한 바를
이 보배 안에서 항상 보고 듣게 합니다.

청정한 광명 두루 비추시는 세존이
장엄구 가운데 다 그림자를 나타내시니
변화한 분신을 대중이 에워싸
일체 국토 바다에 다 두루하게 하였습니다.

疏

偈文有十하니 大分爲二하리라 前六은 果嚴用勝이요 後四는 對因辯果라 前中分三하리니 初四는 別明嚴用이라

217 연演이란, 여기서는 연출演出의 뜻이다.

게송문에 열 가지가 있나니
크게 나누어 두 가지로 하겠다.
앞에 여섯 가지 게송은 과보 장엄의 작용이 수승한 것이요
뒤에 네 가지 게송은 원인을 상대하여 과보를 분별한 것이다.
앞에 장엄의 작용이 수승한 가운데 세 가지로 분류하리니
처음에 네 가지 게송은 따로 장엄의 작용을 밝힌 것이다.

經

所有化佛皆如幻하야 求其來處不可得이니
以佛境界威神力으로 一切刹中如是現하니다

있는 바 화신불이 다 환상과 같아서
그 온 곳을 구하여도 가히 얻을 수 없나니
부처님 경계의 위신력으로써
일체 국토 가운데 이와 같이 나타나십니다.

疏

次一은 結屬現緣이라

다음에 한 게송은 나타나는 인연을 맺어서 묶은 것이다.

經

如來自在神通事를 悉遍十方諸國土케하야
以此刹海淨莊嚴의 一切皆於寶中現하니다

여래의 자재한 신통사事를
다 시방의 모든 국토에 두루하게 하여
이로써 국토 바다에 청정한 장엄의
일체를 다 보배 가운데 나타내었습니다.

疏

後一은 總結多類라

뒤에 한 게송은 수많은 유형의 장엄[218]을 모두 맺는 것이다.

218 수많은 유형의 장엄이라고 한 것은 장엄의 일체라고 한 게송을 말하는 것이다. 위의 장행문에는 세계의 바다에 작은 티끌 수만치 많은 청정한 공덕으로 장엄한 바라 하였다.

經

十方所有諸變化의 一切皆如鏡中像이
但由如來昔所行과 神通願力而出生하니다

시방에 있는 바 모든 변화의
일체가 다 거울 가운데 영상과 같은 것이
다만 여래가 옛날[219]에 수행한 바와
신통과 원력을 인유하여 출생하였습니다.

疏

後四는 對因辯果中에 一은 由行願神通으로 爲因일새 故獲變化가 如鏡像果니라

뒤에 네 가지 게송은 원인을 상대하여 과보를 분별하는 가운데 첫 번째 게송은 옛날에 수행과 서원과 신통력으로 원인이 됨을 인유하였기에 그런 까닭으로 변화가 거울에 영상과도 같은 과보를 얻은 것이다.

219 실悉 자는 석昔 자의 잘못이다.

經

若有能修普賢行하야 入於菩薩勝智海인댄
能於一切微塵中에 普現其身淨衆刹케하리다

만약 어떤 사람이 능히 보현의 행을 닦아
보살의 수승한 지혜의 바다에 들어간다면
능히 일체 작은 티끌 가운데
널리 그 몸을 나타내어 수많은 국토를 청정케 할 것입니다.

疏

二는 以普行勝智로 爲因일새 故得一塵에 淨衆刹果니라

두 번째 게송은 넓은 행과 수승한 지혜로써 원인을 삼았기에 그런 까닭으로 한 티끌에 수많은 국토를 청정케 하는 과보를 얻은 것이다.

經

不可思議億大劫에 親近一切諸如來하야
如其一切之所行을 一刹那中悉能現하니다

가히 사의할 수 없는 억대세월(大劫)에
일체 모든 여래를 친근하여
그 일체의 수행한 바와 같은 것을
한 찰나 가운데 다 능히 나타내었습니다.

疏

三은 由長時近友로 爲因일새 故得刹那에 頓現之果니라

세 번째 게송은 장시간토록 선지식을 친근한 것으로 원인이 됨을 인유하였기에 그런 까닭으로 한 찰나에 문득 나타내는 과보를 얻은 것이다.

經

諸佛國土如虛空하야　無等無生無有相이나
爲利衆生普嚴淨케하며 本願力故住其中하니다

모든 부처님의 국토는 허공과 같아서
같을 수도 없고 난 적도 없고 모습도 없지만
중생을 이익케 하기 위하여 널리 장엄하고 청정케 하시며
본래의 원력인 까닭으로 그 가운데 머무십니다.

疏

四는 彰淨國之意하야 使倣而行之라 前半은 智境이니 嚴卽無嚴이라 謂自受用土는 周遍無等이요 法性之土는 體性無生이니 二皆無相이라 後半은 悲應이니 無嚴之嚴일새 嚴遍法界요 無住之住일새 常住刹中이라
上釋莊嚴竟이라

네 번째 게송은 국토를 청정케 한 뜻을 밝혀 하여금 본받아 행하게 하는 것이다.
앞에 반 게송은 지혜의 경계이니
장엄하였지만 곧 장엄한 적이 없는 것이다.
말하자면 자수용토는 두루하여 같을 수 없는 것이요,
법성토는 자체성이 난 적이 없는 것이니

이 둘이 다 모습이 없는 것이다.
뒤에 반 게송은 대비로 응하는 것이니
장엄한 적이 없이 장엄하기에 그 장엄이 법계에 두루하고,
머문 적이 없이 머물기에 항상 국토 가운데 머무는 것이다.

이상에 장엄을 해석하는 것은 마친다.

鈔

悲應已下는 後半은 卽他受用과 及變化淨이니 一偈之中에 四土具矣라

대비로 응한다고 한 아래는 뒤에 반 게송은 곧 타수용토와 그리고 변화토를 장엄하고 청정케 한 것이니,
한 게송 가운데 네 가지 국토를 갖추고 있다.

經

爾時에 普賢菩薩이 復告大衆言호대 諸佛子야 此中에 有何等世界住를 我今當說하리라

그때에 보현보살이 다시 대중에게 일러 말하기를 모든 불자여, 이 가운데 어떤 등의 세계가 머물고 있는지를 내가 지금 마땅히 설하겠습니다.

疏

第三은 明所持刹綱이니 釋品目의 世界之言이라 又前明本刹하고 今辯末界하니 故兼染淨이라 文分三別하리니 第一은 告衆許說이요 二에 諸佛子야 此十不可說下는 雙標二章이요 三에 諸佛子야 彼諸世界種下는 廣釋二章이라

제 세 번째는 주지하는 바 국토의 그물을 밝히는[220] 것이니 품목에 세계[221]라는 말을 해석한 것이다.
또 앞[222]에서는 근본 국토를 밝혔고, 지금에는 지말 국토를 분별하

220 제 세 번째는 주지하는 바 국토의 그물을 밝힌다고 한 것은 앞에서는 세 번째는 주지하는 바 국토의 그물이 차별함을 밝힌다 하여 차별이라는 두 글자가 더 있다. 영인본 화엄 4책, p.9, 3행에 있다.

221 품목에 세계라고 한 것은 곧 이 위에는 화장華藏을 말하였고, 지금에는 세계를 말한다는 것이다.

나니
그런 까닭으로 더럽고 깨끗한 국토를 겸하였다 하겠다.
문장을 나누어 세 가지로 분별하리니
첫 번째는 대중에게 일러 설하기를 허락한 것이요
두 번째 모든 불자여, 이 열[223] 곱으로 가히 말할 수 없는 부처님의 국토라고 한 아래는 두 문장[224]을 함께 표한 것이요
세 번째 모든 불자여, 저 모든 세계종이라고 한 아래는 두 문장을 폭넓게 해석한 것이다.

---

222 또 앞이라고 한 것은 제 두 번째 별현안포장엄別顯安布莊嚴이니 영인본 화엄 4책, p.29, 7행에 있다. 같은 책 p.9, 2행에는 두 번째는 명장해안포장엄明藏海安布莊嚴이라 하였다.

223 차此 자 아래에 십十 자가 있어야 한다.

224 두 문장이란, 찰종刹種과 찰해刹海이니 즉 세계종世界種과 세계해世界海이다.

經

諸佛子야 此十不可說佛刹微塵數香水海中에 有十不可說佛刹微塵數世界種安住하며 一一世界種에 復有十不可說佛刹微塵數世界하니라

모든 불자여, 이 열 곱절 가히 말할 수 없는 부처님의 국토에 작은 티끌 수만치 많은 향수해 가운데 열 곱절 가히 말할 수 없는 부처님의 국토에 작은 티끌 수만치 많은 세계종이 안주安住하고 있으며,

낱낱 세계종에 다시 열 곱절[225] 가히 말할 수 없는 부처님의 국토에

---

225 열 곱절이라 한 十 자(有十이라 한 十 자이다)는 북장경에는 비록 있으나 저 북장경에 十 자는 응당이 연자衍字거늘, 엽사葉士가 살피지 못하여 지금 여기에 보증한 것이니 그 잘못이 아주 심하다. 그러한 까닭은 아래 따로 나타내는 가운데 최 중앙에 찰종刹種을 잡아 다만 가히 말할 수 없는 부처님의 국토에 작은 티끌 수만치 많은 세계가 있는 것만 밝히고 일찍이 열 곱절 가히 말할 수 없는 부처님의 국토에 작은 티끌 수만치 많은 세계는 말하지 아니한 까닭이다. 이로써 앞에 지면의 향수해(영인본 화엄 4책, p.41, 3행 제삼에 地面香海) 가운데 소초문에서 여기 두 문장을 표한 가운데 十 자가 빠진 것을 표하였으나(영인본 화엄 4책, p.41, 6행 소문과 p.41, 10행 초문) 다만 향수해의 찰종상에 十 자가 빠진 것만 나타내고 세계상에 十 자가 빠진 것은 말하지 않았으니, 그 뜻이 가히 분명하다 하겠다. 다 『잡화기』의 말이나 엽사라 한 것은 설파 즉 설로雪老를 말한다. 그러나 아래 소문에는 十 자가 빠진 것이 분명하고 十 자가 빠진 것은 전사자가 탈루한 것이라 하였으니 사기주私記主가 十 자를 연자衍字라 한 것은 차라리 잘못이라

작은 티끌 수만치 많은 세계가 있습니다.(매 불가설상에 지금에 이 북장경을 의지하여 十字를 보증하였다.)

疏

標二章者는 謂種及刹이라 然刹種은 依刹海하고 諸刹은 依刹種하나니 則寬陜可知라 名從何得고 欲明世界無邊하야 方便顯多일새 故立此名이라하니 謂積多世界하야 共在一處하야 攝諸流類일새 故名爲種이요 如是種類가 復有衆多하야 深廣無邊일새 故名爲海니라 如積多魚하야 以成一種하고 魚龍龜鼈과 山泉島嶼가 乃有多種이나 並悉攝在一大海中하니라 而言世界無邊者는 海外有海하야 海海無窮也라 若爾인댄 種無別體하야 攬界以成거니 何以下文에 說有形體고 雖依種類하야 以立種名이나 何妨此種이 別有其體리요 如多蠭孔이 共成一窠나 豈妨此窠가 別有其體리요하니라 上擧魚龍은 蓋分喩耳니라 卽依後義인댄 亦得名爲種性이니 依於此種하야 能生世界가 如依一禾하야 有多穀粒하니다 舊經云性이라하니 多取此義인댄 恐濫體性하야 故改爲種이라 言有不可說者는 若準下文인댄 香海及種에 皆有十不可說이라하리니 梵本에도 亦有어늘 今脫十字는 多是傳寫之漏耳니라

두 문장을 표한 것이라고 한 것은 말하자면 찰종과 찰해이다.

하겠다.

그러나 찰종은 찰해를 의지하고 모든 찰해는 찰종을 의지하나니 곧 넓고 좁은[226] 것을 가히 알 수 있을 것이다.
이름[227]은 무엇으로 좇아 얻는가.
세계가 끝이 없음을 밝히고자 하여 방편으로 많음을 나타내기에 그런 까닭으로 이 이름을 세웠다 하니
말하자면 수많은 세계를 쌓아 함께 한 곳에 두어 모든 유류流類를 섭수하기에 그런 까닭으로 이름을 종種이라 하고, 이와 같은 종류가 다시 수없이 많이 있어 깊고 넓음이 끝이 없기에 그런 까닭으로 이름을 해海라 한다.
마치 수많은 고기를 쌓아 일종一種을 이루고 고기와 용과 거북이와 자라와 산과 샘과 섬과 작은 섬[228]이 이에 다종多種을 이루고 있지만 아울러 다 하나의 큰 바다 가운데 합섭되어 있는 것과 같다.

세계가 끝이 없다고 말한 것은 바다 밖에 바다가 있어서 바다와 바다가 끝이 없다는 것이다.
만약 그렇다면 세계종이 다른 체성이 없어서 세계를 잡아 이루어지거니 어찌 아래 경문에[229] 형상과 체성이 있다고 말하는가.
비록 종류를 의지하여 세계종의 이름을 세웠지만 어찌 이 세계종이

---

226 넓고 좁다고 한 것은 넓은 것은 찰해刹海이고, 좁은 것은 찰종刹種이다.
227 이름이라고 한 것은 찰해라는 이름과 찰종이라는 이름이다.
228 嶼는 작은 섬 서이다.
229 아래 경문에 운운한 것은 아래 경문은 영인본 화엄 4책, p.86과 p.87이니, 형상은 p.86이고 체성은 p.87이다.

따로 그 체성이 있음에 방해롭겠는가.

마치 수많은 벌[230]구멍이 함께 하나의 구멍[231]을 이루지만 어찌 이 구멍이 따로 체성이 있음에 방해롭겠는가 한 것과 같다.

위에서 고기와 용을 거론한 것은 대개 부분적 비유[232]일 뿐이다. 곧 뒤에 뜻을 의지한다면[233] 또한 이름이 종성이라 함을 얻나니 이 종성을 의지하여 능히 세계를 생장하는 것이 마치 하나의 벼를 의지하여 수많은 미곡의 알이 있는 것과 같다.

구경舊經[234]에는 말하기를 성性이라 하였으니 다분히 이 뜻을 취한다면 체성이라는 말을 혼란할까 염려하여[235] 그런 까닭으로 고쳐 종種이라 하였다.[236]

---

230 蠭은 蜂과 같은 글자이니 벌 봉이다.

231 窠는 구멍 과이다.

232 부분적 비유라고 한 것은 다만 찰해刹海가 모여 찰종刹種을 이룬다는 뜻만 있고 찰종에 따로 체성이 있다는 뜻이 없는 까닭으로 부분적으로 비유한 것뿐이라고 『잡화기』는 말한다.

233 곧 뒤에 뜻을 의지한다면 운운한 것은 처음에 뜻은 다만 찰해가 모여 찰종을 이루는 것뿐이고 뒤에 뜻은 찰해가 모여 찰종을 이루는 것과 찰종에 따로 체성이 있는 것이니 영인본 화엄 4책, p.71, 7행 세계가 끝이 없다고 말한 것은 이라 한 이하이다(네 줄 앞에 있다).

234 구경舊經 운운은 구경은 세계성世界性이라 하고 지금 경은 세계종世界種이라 했다는 것이다.

235 체성이라는 말을 혼란(혼람)할까 염려한다고 한 것은, 말한 바 종성種性이라고 한 것은 곧 그 성性은 원인의 뜻을 취한 까닭이다. 역시 『잡화기』의 말이다.

236 고쳐 종種이라 하였다는 것은 체성을 고쳐 종성이라 하였다는 것이다.

유불가설有不可說이라고 말한 것은 만약 아래 경문을 기준한다면 향수해와 그리고 세계종에 다 유십불가설有十不可說이라 해야 하나니,
범본에도 또한 십 자十字가 있거늘 지금에 십 자가 빠진 것은 다분히 전사자가 탈루한 것이다.

鈔

雖依種類下는 初正釋也라 前爲成海일새 故取種類하고 略無別體어니와 今別喩蜂窠하야 以彰有體하니 蜂孔如刹하고 一窠如種이라 則顯魚龍은 但成分喩니라 卽依後義下는 二에 結成也라 先會同晉經하야 成種性義니 種有二義라 一類요 二性이라 以禾喩種하고 以粒喩刹하니 禾能生穀일새 故有性義니라 恐濫下는 顯今經意니 亦是通難이라 難云호대 若有種生之義인댄 何不依昔하야 爲世界性고할새 故爲此通이라 則種兼二義일새 今經存之니라

비록 종류를 의지한다고 한 아래는 처음에 바로 해석한 것이다.
앞에서는 찰해를 이루기 위하였기에 그런 까닭으로 종류를 취하고 다른 체성은 생략하여 없거니와 지금에는 따로 벌구멍을 비유하여 체성이 있음을 밝히나니,
벌구멍은 세계(刹)와 같고 낱낱 구멍은 세계종과 같다.
곧 위에서 고기와 용을 나타낸 것은 다만 부분적 비유를 이룰 뿐이다.

곧 뒤의 뜻을 의지한다고 한 아래는 두 번째 맺어서 성립한 것이다.
먼저는 진경(舊經)을 회동會同하여 종성의 뜻을 성립하나니
종種에 두 가지 뜻이 있다.
첫 번째는 종류요
두 번째는 종성이다.
벼로써 종種에 비유하고 낱알로써 세계(刹)에 비유하나니,
벼가 능히 미곡을 생장하기에 그런 까닭으로 성性의 뜻이 있다.

체성이라는 말을 혼란할까 염려한다고 한 아래는 지금 경의 뜻을 나타낸 것이니
역시 비난함을 통석한 것이다.
비난하여 말하기를 만약 종생種生[237]의 뜻이 있다면 어찌 석경[238]을 의지하여 세계성이라 하지 않는가 하기에 그런 까닭으로 여기에 통석한 것이다.
곧 종에 두 가지 뜻을 겸하였기에 지금 경에는 그 종種을 두었다.[239]

237 종생種生이라 한 생生 자는 성性 자의 잘못이라 하나 그러나 여덟 줄(영인본 화엄 4책, p.72, 2행 소문) 앞에 이 종성을 의지하여 능히 세계를 생장한다 하였으니 종생種生이라는 말도 무방하다. 『잡화기』도 이와 같이 말하고 종種이 능히 생기(能生)하는 까닭이다 하였다.

238 석경昔經은 구경舊經이다.

239 지금 경에는 그 종種을 두었다고 한 것은 지금 경에는 세계종이라 했다는 것이다.

經

諸佛子야 彼諸世界種이 於世界海中에 各各依住하며 各各形狀과 各各體性과 各各方所와 各各趣入과 各各莊嚴과 各各分齊와 各各行列과 各各無差別과 各各力으로 加持하니라

모든 불자여, 저 모든 세계종이 세계의 바다 가운데 각각 의지하여 머물며
각각의 형상과 각각의 체성과 각각의 방소와 각각의 취입趣入과 각각의 장엄과 각각의 분제와 각각의 행렬과 각각의 무차별과 각각의 힘으로 가피하여 주지住持합니다.

疏

三에 廣釋二章中에 文分爲二하리니 初는 通明刹種不同하야 釋刹種章이요 二는 別明刹種香海하야 雙釋二章이니 二段이 各有長行與偈라 今初는 長行文二니 初는 列十門이요 後는 隨門廣釋이라 今初也라 然此十門의 刹種之異가 並悉不離所依華藏일새 故云於世界海中이라하니라 所列十事를 與成就品으로 都望컨댄 全異하니 彼는 通一切海요 此는 明一海種故라 若別別相望인댄 互有互無하니 起具因緣과 清淨佛出과 劫住轉變은 彼有此無하며 方所分齊와 行列趣入과 力持等五는 彼無此有하며 依住形體와 莊嚴無別은 彼此名同이니 前後互出이 都有十五니라 皆顯十者는 俱表無

盡이요 而或異者는 彰義多端이요 復有同者는 恐濫全別이라

세 번째 두 문장을 폭넓게 해석하는 가운데 문장을 분류하여 두 가지로 하리니
처음에는 찰종이 같지 아니함을 모두 밝혀[240] 찰종장을 해석한 것이요
두 번째는 찰종과 향수해를 따로 밝혀[241] 두 가지 문장을 함께 해석한 것이니
이단二段의 문장이 각각 장행과 더불어 게송이 있다.
지금은 처음으로 장행문이 두 가지가 있나니
처음에는 십문을 열거한 것이요
뒤에는 십문을 따라 널리 해석한 것이다.
지금은 처음이다.
그러나 이 십문의 찰종이 다른 것이 아울러 다 의지하는 바 화장세계를 떠나지 않기에 그런 까닭으로 말하기를 세계의 바다 가운데라 하였다.

---

240 처음에는 찰종이 같지 아니함을 모두 밝힌다고 한 등은, 여기는 곧 모든 찰과 종을 모두 다 거론하고 아래는 곧 한 종만 따로 밝힌 까닭이거늘, 어떤 사람이 말하기를 여기는 곧 종 가운데 찰을 포함한 까닭으로 통이라 말하고, 아래는 곧 종과 그리고 찰을 따로 밝힌 까닭으로 별이라 말한다 하니, 소문의 뜻을 상실할까 염려한다. 역시 『잡화기』의 말이다.

241 두 번째는 찰종과 향수해를 따로 밝힌다고 한 등은, 찰·종에 향수해도 겸하여 밝힌 것은 찰과 종이 의지하는 바가 되는 까닭이다. 지금 찰과 종을 모두 밝히는 가운데 경문에도 비록 표거標擧가 있으나 이미 해석한 바가 없는 까닭으로 헤아려도 미치지 못하는 것이다. 역시 『잡화기』의 말이다.

열거한 바 십사(十門)를 세계성취품으로 더불어 도합하여 바라본다면 완전히 다르나니

저기 성취품은 일체해를 통석한 것이고, 여기 화장세계품은 일해一海의 종種을 밝힌 까닭이다.

만약 따로따로 서로 바라본다면 서로 있기도 하고 서로 없기도 하나니

기구인연과 청정과 부처님의 출흥과 세월이 머무는 것과 전변하는 것은 저기에는 있고 여기에는 없으며,

방소와 분제와 행렬과 취입과 힘으로 가피하는 등 다섯 가지는 저기에는 없고 여기에는 있으며,

의지하여 머무는 것과 형상과 체성과 장엄과 무차별은 저기나 여기나 이름이 같나니 앞뒤에 서로 설출한 것이 모두 십오문이 있는[242] 것이다.

다[243] 십문을 나타낸 것은 함께 무진無盡을 표한 것이요

혹 다른 것은 뜻이 다단함을 밝힌 것이요

다시 같음이 있는 것은 온전히[244] 다름을 지날까 염려한 것이다.

---

242 모두 십오문이 있다고 한 것은 세계성취품 십사十事와 화장세계품 십사十事에 같지 않는 오사五事를 더하니 십오문이다. 영인본 화엄 4책, p.75, 말행 이하 오구五句이니 각각各各 방소方所와 각각 취입趣入과 각각 분제分齊와 각각 행렬行列과 각각 가지加持이다.

243 다(皆)라고 한 것은 저 세계성취품과 이 화장세계품을 다라 하는 것이다.

244 온전히 운운은 완전히 다른 것과 혼란(혼람)할까 염려한 것이다라고 번역할 수도 있다.

疏

何以起具가 前有此無고 前段에 總明成立因果요 此中엔 正辯何等世界住故니 餘可思準이라

무슨 까닭으로 기구인연이 전 품에는 있고 이 품에는 없는가. 전 단에서는 성립의 인과를 한꺼번에 밝혔고, 이 단 가운데는 어떤 등의 세계에 머무는지를 바로 분별한 까닭이니
나머지는 가히 생각하여 기준할 것이다.[245]

鈔

何以起具下는 初問也라 問意云호대 一種이거니 起具等五는 此無前有며 方所等五는 此有前無고 前段總明下는 答也니 答中對上하야 牒起具問이라 餘可思準者는 卽是結例餘四라 但用何等世界住言하야 總通五難이니 界住는 是果요 起具는 是因이니 此通易了어니와 餘四猶難이니 謂淸淨佛出과 劫住轉變은 正是果相이라 正辯界住인댄 何得全無리요만은 今云無者는 淸淨方便은 亦是約因이요 又不通染거니와 今則通染하고 又不語因하며 佛出은 約人거니와 今此辯剎일새 故亦無之요 劫住轉變此二는 竪明거니와 今語現住니 亦非此要일새 故略不說하니라

---

245 나머지는 가히 생각하여 기준할 것이라고 한 것은 초문에 잘 나타나 있다.

무슨 까닭으로 기구인연이라고 한 아래는 곧 처음 물은 것이다.
물은 뜻에 말하기를 한 가지[246]이거니 기구인연 등 다섯 가지는 여기에는 없고 앞에는 있으며, 방소 등 다섯 가지는 여기에는 있고 앞에는 없는가.
전 단에서는 성립의 인과를 한꺼번에 밝혔다고 한 아래는 답한 것이니
답한 가운데 위에를 상대하여 기구인연에 대한 질문을 첩석牒釋한 것이다.

나머지는 가히 생각하여 기준할 것이라고 한 것은 곧 나머지 네 가지[247]를 맺어서 비례한 것이다.
다만 어떤 등이 세계에 머무는지라고 한 말을 인용하여 다섯 가지 비난을 한꺼번에 통석한 것이니,
지금에 세계에 머무는[248] 것은 이 과보요 앞에 기구인연은 이 원인이니 이 통석은 쉽게 알 수 있거니와 나머지 네 가지는 오히려 어렵나니,

---

246 한 가지(一種)라고 한 것은, 기구인연 등 다섯 가지를 통석함에 곧 다섯 번을 인용하였다. 그런 까닭으로 소문에서는 곧 따로 한 가지 비난(물음)만 서술하였거늘, 지금 초문에서는 곧 다섯 가지 비난을 모두 설출한 것이다. 이상은 『잡화기』의 말이나, 한 가지 비난(질문)이란 소문에 기구인연이 전품에는 있고 이 품에는 없는가 한 것이다.

247 나머지 네 가지란, 청정과 부처님의 출흥과 세월이 머무는 것과 전변하는 것이다.

248 원문에 겁주劫住의 劫 자는 界 자의 잘못이다. 즉금卽今에 화장세계품은 계주界住이고, 앞의 세계성취품은 기구인연起具因緣이다.

말하자면 청정과 부처님의 출흥과 세월이 머무는 것과 전변하는 것은 바로 이 과보의 모습이다.

바로 세계에 머무는 것을 분별하였다면 어찌 온전히 없다고 함을 얻으리요마는, 지금에 말하기를 없다고 한 것은 앞에 청정 방편은 역시[249] 원인을 잡은 것이고 또한 염染에 통하지 않거니와[250] 지금에는 곧 염染에 통하고 또한 원인을 말하지 아니하였으며,

앞에 부처의 출흥[251]은 사람을 잡았거니와 지금 여기에서는 국토(刹)를 분별하였기에 그런 까닭으로 또한 없는 것이요,

앞에 세월이 머무는 것과 전변하는 이 두 가지는 수竪로 밝혔거니와 지금에는 현재 세계에 머무는 것을 말한 것이니,

또한 이것은 중요한 것이 아니기에 그런 까닭으로 생략하고 설하지 아니하였다.[252]

疏

然與前同은 已如前釋거니와 不同五事는 今當說之하리라

---

249 역시라고 한 등은 지금에 과보의 모습을 상대한 까닭이며, 또한 기구인연을 상대하여 원인의 모습을 삼은 까닭으로 역시라 하였다.

250 또한 염染에 통하지 않는다고 한 것은 설사 청정방편으로 과보를 삼을지라도 정淨일 뿐 염染에는 통하지 않는다. 『잡화기』의 뜻도 이와 같다.

251 원문에 불주佛住라 한 주住 자는 출出 자의 잘못이라 고쳤다.

252 생략하고 설하지 아니하였다고 한 것은 소문에 나머지는 가히 생각하여 기준할 것이다고 한 말이다.

그러나 앞으로 더불어 같은[253] 것은 이미 앞에서 해석한 것과 같거니와 같지 아니한 오사五事는 지금에 마땅히 설하겠다.

鈔

然與前同下는 第三에 隨文別釋이니 但解五句라

그러나 앞으로 더불어 같은 것이라고 한 아래는 세 번째 문장을 따라 따로 해석한 것이니
다만 오구五句만을 해석한 것이다.

疏

各各方所者는 若圓滿方所인댄 周滿法界하야 無處不有니 不卽三界하고 不離三界어니와 若隨宜方所인댄 隨十方中하야 向背各別이리라

각각의 방소라고 한 것은 만약 원만한 방소라면 두루 법계에 가득하여 곳곳마다 있지 아니함이 없을 것이니 삼계에 즉하지도 않고 삼계를 떠나지도 않거니와, 만약 마땅함을 따르는 방소라면 시방 가운데를 따라 향하고 등지는 것이 각각 다를 것이다.

253 앞으로 더불어 같다고 한 것은 의지하여 머무는 것과 형상과 체성과 장엄과 무차별이니 직전 소문에 있나니 영인본 화엄 4책, p.74, 3행에 있다.

鈔

若圓滿方所等者는 釋此五句가 皆是十八圓滿中意니 次下當明하리라 此中每句가 各具二義니 方所二者는 圓滿方所는 卽自受用方所니如上引唯識하야 明自受用土相이요 若隨宜方所者인댄 卽他受用과 及變化淨이라 然依佛地인댄 十八圓滿은 唯約他受用說이요 今約圓通일새 故進入自受用하고 下該變化니라

만약 원만한 방소라고 한 등은 이 오구五句가 다 십팔원만十八圓滿 가운데 뜻을 해석한 것이니
다음에 아래에서 마땅히 밝히겠다.[254]
이 가운데 매 구절이 각각 두 가지 뜻을 갖추었나니 방소에 두 가지 뜻은 원만한 방소는 곧 자수용 방소이니,
위에서 『유식론』을 인용하여[255] 자수용토의 모습을 밝힌 것과 같은 것이요
만약 마땅함을 따르는 방소라면 곧 타수용과 그리고 변화정토이다.[256]

---

254 다음에 아래에서 마땅히 밝히겠다고 한 것은 영인본 화엄 4책, p.78, 5행에 부처님 정토의 십팔원만이다.

255 위에서 『유식론』을 인용하였다고 한 것은 영인본 화엄 3책, p.698, 2행에 있다.

256 그리고 변화정토라고 한 것은, 『잡화기』에 말하기를 찰·종은 실로 정토와 예토에 통하되 십팔원만 가운데 뜻이 되는 까닭으로 우선 그 정토만 가리킨 것이다 하였다.

그러나 『불지론』[257]을 의지한다면 십팔원만은 오직 타수용만 잡아서 설한 것이요,
지금에는 원통을 잡았기에 그런 까닭으로 위로는 자수용에 진입하고 아래로는 변화토를 해라 하는 것이다.

疏

各各趣入者는 依門趣入이요 約法門者인댄 謂三解脫이라 又互相現入이나 而無來去等이라

각각의 취입[258]이라고 한 것은 문門[259]을 의지하여 취입하는 것이요, 법문을 잡는다면 말하자면 삼해탈이다.
또 서로서로 취입함을 나타내지만 그러나 오고 감이 없는 등이다.

鈔

依門趣入者는 彼有事門하니 卽如向說하니라 二는 約法爲門이니 今但出此니라 又互相現入者는 是約此宗하야 以辯門義니 並如下說하니라

---

257 『불지론』은 제일권이다.

258 각각의 취입이라고 한 것은 영인본 화엄 3책, p.378, 5행에 한 번 나왔지만 설명은 없었다.

259 문門이라고 한 것은 십사十事이니 앞의 세계성취품에 기구인연 등 십사十事이다.

문을 의지하여 취입한다고 한 것은 저기에 사문事門이 있나니[260]
앞(向前)에서 설한 것과 같다.
두 번째는 법을 잡아 문을 삼은 것이니
지금에는 다만 이것[261]만을 설출할 뿐이다.
또 서로서로 취입함을 나타낸다고 한 것은 이것은 이 화엄종을
잡아서 문의 뜻을 분별한 것이니
아울러 아래에 설한 것[262]과 같다.

疏

各各分齊者는 約事隨宜인댄 廣陜異故요 約佛分齊인댄 則十方無際니라

각각의 분제라고 한 것은 사실의 마땅함을 따르는 것을 잡는다면
넓고 좁은 것이 다른 까닭이요
부처님의 분제를 잡는다면 곧 시방에 끝이 없는 것이다.

---

260 저기에 사문事門이 있다고 한 것은 저(彼)란 앞의 세계성취품이고 사事란 앞의 세계성취품에 기구인연 등 십사十事이다. 그러나 연담스님은 위의 초문에 이 오구五句가 다 십팔원만 가운데 뜻이니 다음에 아래에서 마땅히 밝히겠다 한 말을 가리킨 것이다. 지금에도 또한 아래에 마땅히 밝히겠다고 한 말을 가리키는 까닭으로 앞에서 말한 것과 같다고 한 것이다 하였다.

261 이것이란, 삼해탈이다.

262 아래에 설한 것이라고 한 것은 영인본 화엄 4책, p.78, 5행이다.

鈔

分齊分二리니 隨宜는 卽他受用等이요 約佛은 卽自受用土라 問이라 圓滿方所는 云無處不有라하고 圓滿分齊는 十方無際라하니 二相何別고 答이라 若識隨宜하는 方所分齊인댄 卽知圓滿한 二相不同하리라 謂隨宜方所者는 此之淨土가 十方之內에 爲在何方고 如極樂在西하고 妙喜在東等하니라 言分齊者는 此之淨土가 廣狹云何고 或等一娑婆하며 或等百千하니 是分齊也라 是則圓滿方所는 明無處不有者는 卽遍在也요 其分齊인댄 則十方無際者는 量周法界也라

분제를 두 가지로 분류하리니
마땅함을 따르는 것은 곧 타수용토 등이요
부처님을 잡은 것은 곧 자수용토이다.
묻겠다.
원만한 방소는 곳곳마다 있지 아니함이 없다 하고 원만한 문제는 시방에 끝이 없다 하니,
두 가지 모습이 어떻게 다른가.
답하겠다.
만약 마땅함을 따르는 방소와 분제를 안다면 곧 원만한 분제와 방소의 두 가지 모습도 같지 아니한 줄 알 것이다.
마땅함을 따르는 방소라고 말한 것은 이 정토가 시방 안에 어느 방소에 있는가.
극락세계는 서쪽에 있고 묘희세계는 동쪽에 있는 등과 같다.

분제라고 말한 것은 이 정토가 넓고 좁은 것이 어떠한가.
혹은 한 사바세계와 같으며 혹은 백천세계와 같나니
이것이 분제이다.
이에 곧 원만한 방소는 곳곳마다 있지 아니함이 없다고 밝힌 것은 곧 곳곳에 두루 있다는 것이요
그 부처님의 분제를 잡는다면 곧[263] 시방에 끝이 없다고 한 것은 수량이 법계에 두루하다는 것이다.

疏

各各行列은 卽是道路니 約事可知어니와 約法인댄 謂大念慧行으로 以爲遊路리라 各各力加持者는 卽食能令住어니와 約法인댄 廣大法味를 喜樂所持리라

각각의 행렬이라고 한 것은 곧 도로이니,
사실을 잡은 것은 가히 알 수 있거니와 법을 잡는다면 큰 생각과 지혜와 행으로 노니는 길을 삼는다 말할 것이다.
각각의 힘으로 가피하여 주지한다고 한 것은 곧 밥이 능히 중생으로 하여금 머물게 한다[264] 하거니와, 법을 잡는다면 광대한 법의 맛을

263 야也 자는 즉則 자가 좋다. 즉 소문에 약불분제約佛分齊이다.

264 밥이 능히 중생으로 하여금 머물게 한다고 한 것은, 『잡화기』에 강사가 말하기를 밥이 능히 중생으로 하여금 머물게 하거든 곧 중생으로 하여금 머물게 하는 것이 곧 이 세계로 하여금 머물게 하는 것이니 마치 지금에 왕이 흥하거든 곧 나라가 흥하다고 이름하는 것과 같다 하였다. 이것은

기뻐하고 좋아함으로 주지하는 바라 할 것이다.

鈔

行列과 與下第十에 加持는 約事法爲二니라

행렬과 더불어 아래 세 열 번째 기피하여 주지한다고 한 것은 사실과 법法을 잡아 두 가지를 삼았다.

疏

又此互出은 顯佛淨土의 十八圓滿을 十五攝故라 言十八者는 顯色과 形色과 分量과 方所와 因과 果와 及主와 輔翼과 眷屬과 任持와 事業과 攝益과 無畏와 住處와 路와 乘과 門과 及依持라

또 이에 서로 설출하였다고[265] 한 것은 부처님 정토의 십팔원만[266]을 열다섯 가지로 섭수함을 나타낸 까닭이다.
십팔이라고 말한 것은 현색과 형색[267]과 분량과 방소와 원인과 과보와

사실을 잡아 말한 것이다.

265 원문에 우차호출又此互出이라고 한 것은 앞에서는 전후호출前後互出이라 하였다.

266 십팔원만이라고 한 것은 세계성취품의 기구인연 등 십사十事의 소문에 이 십사가 또한 십팔원만을 섭수하나니 뒤품에서 마땅히 설하겠다 한 것이 바로 이것이다.

267 현색과 형색이라고 한 것은 현색은 청靑 황黃 적赤 백白이고, 형색은 방方

그리고 주主와 보익과 권속과 임지와 사업과 섭익과 무외와 주처와 도로와 승乘과 문門과 그리고 의지이다.

鈔

又此互出下는 初標釋也니 總將二品之文하야 共攝十八圓滿이라 言十八下는 第二에 列名이라 文無次第와 及圓滿言이나 而十八具足이니 一은 顯色圓滿이요 二는 形色圓滿이요 三은 分量圓滿이요 四는 方所圓滿이요 五는 因圓滿이요 六은 果圓滿이요 七은 主요 八은 輔翼이요 九는 眷屬이요 十은 任持요 十一은 事業이요 十二는 攝益이요 十三은 無畏요 十四는 住處요 十五는 路요 十六은 乘이요 十七은 門이요 十八은 依持圓滿이라

또 이에 서로 설출하였다고 한 아래는 처음에 표하여 해석한[268] 것이니

이품二品[269]의 문장을 모두 가져 함께 십팔원만을 섭수한 것이다.

십팔이라고 말한 아래는 제 두 번째 이름을 열거한 것이다.

문장[270]에 차례와 그리고 원만이라는 말이 없지만 그러나 십팔을

원圓 장長 단短이다.

268 표석標釋을 타본에는 총표總標라 하였다. 혹 석釋 자는 섭攝 자가 아닌가 한다. 그러나 『잡화기』에는 거擧 자라 하였다.

269 이품二品은 세계성취품과 화장세계품이다.

270 문장이라고 한 것은 『불지론』 문장이다.

구족하였나니
첫 번째는 현색 원만이요,
두 번째는 형색 원만이요
세 번째는 분량 원만이요,
네 번째는 방소 원만이요
다섯 번째는 원인 원만이요,
여섯 번째는 과보 원만이요
일곱 번째는 주主 원만이요,
여덟 번째는 보익 원만이요
아홉 번째는 권속 원만이요,
열 번째는 임지 원만이요
열한 번째는 사업 원만이요,
열두 번째는 섭익 원만이요
열세 번째는 무외 원만이요,
열네 번째는 주처 원만이요
열다섯 번째는 도로 원만이요,
열여섯 번째는 승乘[271] 원만이요
열일곱 번째는 문門 원만이요,
열여덟 번째는 의지 원만이다.

---

271 승乘이란, 일승一乘 등이다.

疏

云何攝耶아 此具因緣은 卽因圓滿이요 依住는 卽是依持요 形狀은 卽當形色이라 體는 攝二種이니 一은 攝顯色이니 七寶光明으로 爲體性故요 二는 攝果滿이니 隨類之果는 可知어니와 約佛인댄 大圓鏡智의 相應淨識之所變故라 故上經云호대 或一念心普示現으로 爲體라하니라 莊嚴은 攝三이니 謂一은 攝住處니 如來莊嚴으로 爲住處故요 二는 攝輔翼이니 菩薩嚴故요 三은 攝眷屬이니 有餘衆故라 淸淨은 攝三이니 一은 攝事業이니 謂作有情之義利故요 二는 攝攝益이니 謂現證解脫하야 滅彼煩惱와 及災橫故요 三은 攝無畏니 謂內無災橫하고 外無怖畏故라 此中佛住는 攝二圓滿이니 一은 攝主요 二는 攝乘이니 或說一乘等故라 方所와 分齊는 二名全同이요 行列은 卽路요 趣入은 卽門이요 力持는 爲任持라

어떤 것을 섭수라 하는가.
이 기구인연[272]은 곧 원인 원만이요
의주는 곧 이 의지요
형상은 곧 형색에 해당하는 것이라
체성은 두 가지를 섭수하나니
첫 번째는 현색을 섭수하나니 칠보광명으로 체성을 삼는 까닭이요

272 이 기구인연이라 한 아래에 여섯 가지는 세계성취품의 십사 가운데 여섯 가지이다. 다 앞에 세계의 바다(世界海)라는 말이 있다. 즉 세계의 바다에 기구인연과 등등이다.

두 번째는 과보 원만을 섭수하나니 종류를 따르는 과보[273]는 가히 알 수 있거니와 부처님을 잡는다면 대원경지의 상응하는 청정한 식으로 변화한 바인 까닭이다.

그런 까닭으로 위에 경[274]에서 말하기를 혹 한 생각 마음에 널리 시현함으로 체성을 삼는다 하였다.

장엄은 세 가지를 섭수하나니,

말하자면 첫 번째는 주처를 섭수하나니 여래의 장엄[275]으로 주처를 삼는 까닭이요

두 번째는 보익을 섭수하나니 보살의 장엄인 까닭이요

세 번째는 권속을 섭수하나니 나머지 중생이 있는 까닭이다.

청정은 세 가지를 섭수하나니,

첫 번째는 사업을 섭수하나니 말하자면 중생의 의리義利를 짓는 까닭이요

두 번째는 섭익을 섭수하나니 말하자면 증해탈을 나타내어 저 번뇌와 그리고 재횡을 소멸하는 까닭이요

세 번째는 무외를 섭수하나니 말하자면 안으로 재횡이 없고 밖으로 두려움이 없는 까닭이다.

---

273 종류를 따르는 과보(隨類之果)라고 한 것은 영인본 화엄 4책, p.71, 9행에 종류를 의지하여 찰종의 이름을 세웠다 하여 종種을 종류로 해석하였다.

274 게偈 자는 경經 자의 잘못이다. 영인본 화엄 3책, p.742, 4행에 있다.

275 여래의 장엄이라고 한 것은, 『잡화기』에 여타의 장엄을 초월한다 하였다. 즉 보살 장엄이나 여타 중생의 장엄을 초월한다는 것이다.

이 화장세계품 가운데 불주佛住는 두 가지 원만을 섭수하나니,
첫 번째는 주主 원만을 섭수하는 것이요
두 번째는 승乘 원만을 섭수하나니 혹 일승 등을 설하는 까닭이다.
방소와 분제는 둘 다 이름이 온전히 같은 것이요
행렬은 곧 도로요
취입은 곧 문이요
역지는 임지가 되는 것이다.

鈔

云何攝耶는 第三에 正明相攝이니 先徵이요 此具下는 釋이라 釋中文意는 皆是佛地論中之意니 細尋可知라 十八名相은 第五迴向에 更當廣釋일새 此但擧於此十五名하야 攝彼十八하고 其有難者는 引經會釋이라

어떤 것을 섭수라 하는가 한 것은[276] 제 세 번째 서로 섭수함을 바로 밝힌 것이니,
먼저는 묻는 것이요
이 기구인연이라고 한 아래는 통석한 것이다.
통석한 가운데 문장의 뜻은 다 이 『불지론』 가운데 뜻이니
자세하게 찾아보면 가히 알 수가 있을 것이다.

---

276 섭야攝耶라 한 아래에 下 자가 있어야 한다고 『잡화기』는 말하나, 없다 해도 무방하다.

십팔원만의 명상名相은 제오 회향에 다시 마땅히 폭넓게 해석할 것이기에 여기에서는 다만 열다섯 가지 이름만 들어 저 십팔원만을 섭수하고, 거기에 비난함이 있는 것은 경을 인용하여 회석하였다.

疏

劫住轉變은 十八中無나 義同於果와 及事業攝이라 亦可成二十圓滿이라도 於理無違니 謂劫住는 窮未來故요 轉變은 卽如來의 神通變化로 世界海에 普清淨轉變이니 卽圓滿義니라

세월이 머무는 것과 전변하는 것은 십팔원만 가운데 없지만 그 뜻은 다 과보와 그리고 사업에 섭수되어 있다.
또한 가히 이십원만을 이룬다 할지라도 이치에 어긋남이 없나니
말하자면 세월이 머무는 것은 미래까지 다하는 까닭이요
전변하는 것은 곧 여래의 신통변화로 세계의 바다에 널리 청정하게 전변하는 것이니
곧 원만의 뜻이다.

鈔

劫住轉變下는 第四에 明同異니 通有四種이라 此有二門하니 一은 立名同異니 如上別對中明이요 二는 開合同異니 亦如上說하니라 然이나 上體及佛住는 各攝於二하고 清淨莊嚴은 各攝於三하니 則四門攝十이요 餘之八門은 各攝其一하니 則十二門이 以攝十八이니 卽開

合異也니라 三은 有無同異니 卽是劫住와 及劫轉變이라 釋無所以에 略有二意하니 一은 以彼攝此니 謂果攝劫住하니 有刹之果인댄 必有劫住之時分故요 事業圓滿이 攝此轉變하니 菩薩神通과 如來作用이 皆轉變故라 二者는 不用彼攝이니 何必定須十八圓滿고 加於此二하면 以成二十數하야 正圓滿故니 如以六通으로 爲十通等이라 謂劫住는 窮未來故下는 示於二種圓滿之相이라

세월이 머무는 것과 전변하는 것이라고 한 아래는 제 네 번째 같고 다름을 밝힌 것이니
통석함에 네 가지가 있다.
여기에 이문二門[277]이 있나니
첫 번째는 이름을 세우는 것이 같고 다른 것이니
위에 별대別對 가운데서[278] 밝힌 것과 같은 것이요
두 번째는 열고 합하는 것이 같고 다른 것이니
역시 위에서 설한 것과 같다.
그러나 위에서 체성과 그리고 불주는 각각 두 가지를 섭수하고
청정과 장엄은 각각 세 가지를 섭수하였으니

---

277 여기에 이문二門이라고 한 것은 즉 제 네 번째 같고 다름을 밝히는 가운데 이문二門이다.

278 원문에 여상별대중如上別對中이라고 한 것은 즉 위에 십팔원만 배대配對를 말한다. 『잡화기』에 이 가운데 별대와 위에 별대 가운데 설한 것이 다 앞(영인본 화엄 4책, 78, 5행. 초문은 8행)에 서로 섭수함을 바로 밝힌 소문을 가리킨 것이다 하였다.

곧 사문四門이 열 가지를 섭수한 것이요
나머지 팔문八門은 각각 그 하나를 섭수하였으니
곧 십이문十二門이 이미 십팔원만을 섭수한 것이니,
곧 열고 합한 것이 다른 것이다.
세 번째는 있고 없는 것이 같고 다른 것이니
곧 세월이 머무는 것과 그리고 세월이 전변[279]하는 것이다.
없는 까닭을 해석함에 간략하게 두 가지 뜻이 있나니,
첫 번째는 저것[280]으로써 이것을 섭수하는 것이니
말하자면 과보 원만이 세월이 머무는 것을 섭수하나니 세계의 과보가 있으면 반드시 세월이 머무는 시분時分이 있는 까닭이요
사업 원만이 이 전변하는 것을 섭수하나니 보살의 신통과 여래의 작용이 다 전변하는 까닭이다.
두 번째는 저것으로 섭수하는 것이 쓸 데가 없는 것이니
하필 결정코 십팔원만만을 수구하는가.
이 두 가지[281]를 더하면 이십수를 이루어 바로 원만하여지는 까닭이니
마치 육신통으로써 십신통을 삼은 것과 같은 등이다.

---

279 원문에 겁주와 그리고 겁전변이라고 한 것은 세계성취품 십사十事에는 세계의 바다에 겁주(世界海劫住)라 하고, 세계의 바다에 겁전변(世界海劫轉變)이라 하였다. 이 소문에는 겁주와 전변은 십팔원만에는 없다 하였다.

280 저것이라고 한 것은 십팔원만이다.

281 이 두 가지라고 한 것은 겁주와 전변이다.

말하자면 세월이 머무는 것은 미래까지 다하는 까닭이라고 한 아래는 두 가지 원만의 모습을 시현한 것이다.

疏

其無差別은 彼文雖無나 卽由此故로 方顯圓滿이라 餘皆隨宜故로 云各各이라하니라

그 무차별은 저 문장[282]에는 비록 없지만 곧 여기를 인유한 까닭으로 바야흐로 원만함을 나타내었다.
나머지는 다 마땅함을 따르는 까닭으로 말하기를 각각이라 하였다.

鈔

其無差別下는 明通局同異니 彼十八事는 各各不同거니와 今無差別은 通該十八이라 由無差別이 約融攝說일새 故令十八로 得圓滿名이니 則此十四는 皆約隨宜나 由此無差別일새 故名圓滿이라

그 무차별이라고 한 아래는 통하고 국한하는 것이 같고 다름을 밝힌 것이니,
저기에 십팔사十八事는 각각 같지 않거니와 지금에 무차별은 십팔사를 통해通該하는 것이다.

282 원문에 피문彼文이라고 한 것은 십팔원만이고, 바로 아래 유차由此라고 한 것은 여기 문장이니 여기 문장에는 무차별이 있다는 것이다.

무차별이 융섭함을 잡아 설함을 인유하기에 그런 까닭으로 십팔사로 하여금 원만하다는 이름을 얻게 하나니
곧 이 십사사十四事는 다 마땅함을 따르는 것을 잡은 것이나 이 무차별을 인유하기에 그런 까닭으로 원만하다고 이름한 것이다.

疏

無差旣同거니 云何各各고 所無差事가 有多種故니라

무차별은 이미 같거니 어떻게 각각인가.
무차별의 일이 여러 가지가 있는 바인 까닭이다.

鈔

無差旣同下는 躡跡生難이라 上云餘十四事는 皆是隨宜故로 稱各各이라하고 其無差別은 稱實而說하야 令餘圓滿이라하면 則無差別이 非各各義어니 何以經云호대 各各無差고할새 今答此云호대 所無差別事가 有多種故者는 上經中에 明塵塵刹刹과 佛佛生生이 皆悉融攝하니 事事相望에 卽云一一이라하고 各各融攝에 卽是無差라하니라

무차별은 이미 같거니라고 한 아래는 자취를 밟아 비난을 생기한 것이다.
위에서 말하기를 나머지 십사사[283]는 다 마땅함을 따르는(隨宜) 까닭으로 각각이라 이름하고, 그 무차별은 진실에 칭합하여 설하여

나머지로 하여금 원만케 한다고 하였다면 곧 무차별이 각각의 뜻이 아니거니 무슨 까닭으로 경에 말하기를 각각의 무차별이라 하였는가 하기에

지금에 이것을 답하여 말하기를 무차별의 일이 여러 가지가 있는 바라고 한 것은 위에 경 가운데 티끌 티끌과 국토 국토와 부처님 부처님과 중생 중생이 다 융섭함을 밝혔나니,

사실과 사실이 서로 바라봄에 곧 낱낱(一一)이라 말하고 각각 융섭함에 곧 이것은 무차별이라 하는 것이다.

疏

若將此十하야 對成就品十라도 亦得相攝이나 恐厭繁文하니라

만약 여기에 십사를 가져 세계성취품의 십사를 배대할지라도 또한 서로 섭수함을 얻을 것이지만 번잡한 문장을 싫어할까 염려할 뿐이다.

鈔

若將此十下는 第二에 攝成就品이니 攝前十八은 共以二品으로 皆爲能攝하고 今此對前하야 自分能所하야 而得互攝이나 疏恐責繁하야 不能具出거니와 鈔須盡理하야 一一示之하리라 此華藏品으로 攝成

283 위에서 말하기를 나머지 십사사라고 한 것은 그 무차별을 제외한 밖에 나머지 십사사十四事이다. 위에서 말하였다고 한 것은 뜻으로 인용한 것이다.

就品者인댄 此中趣入이 攝彼起具因緣과 及淸淨二事니 以趣入이 卽三解脫門이니 可爲刹因하야 令刹淨故니라 此中力持가 攝餘三事니 謂佛出劫住와 及劫轉變이라 以力持가 卽是廣大法喜니 無佛이면 從何得法喜耶아 況有佛持라도 若佛不出인댄 但以食持어니와 若佛出世인댄 卽有法持리니 若以食持하면 住時卽少하고 若用法持하면 住劫則長하니라 二種力持가 皆通轉變이니 法持에 則染變爲淨하고 食持에 則淨變爲染이라 故俱舍說호대 三災起時에 由二種因하니 一은 耽著美味요 二者는 懶墮라하니 故以食持에 淨變爲染라하니라 上以此二로 攝於彼五니 五事全同일새 故十具矣니라 若以成就로 攝華藏者인댄 上以此二로 攝於彼五는 則以彼五로 攝於此二어니와 此餘三事인 謂方所分齊와 并及行列은 彼何攝耶아 卽五同中에 依住形狀의 二事所攝이니 以但有依住인댄 則有方所와 及行列故요 但有形狀인댄 則有分齊라 則以彼七로 攝此五事니 五事全同일새 則十亦具니라 故於二處에 各擧十事하야 無所不收니라 巧顯多端일새 故互隱顯이나 理實互出하야 爲顯十八이니라

만약 여기에 십사를 가진다고 한 아래는 제 두 번째 세계성취품을 섭수한 것이니,
앞에서 십팔원만을 섭수한 것은 함께 두 품으로 다 능섭을 삼았고 지금 여기에서는 앞을 상대하여 스스로 능·소를 나누어 서로 섭수함을 얻을 것이지만, 소문에서는 번잡한 문장을 꾸짖을까 염려하여 능히 갖추어 설출하지 않았거니와 초문에서는 반드시 이치를 다하여 낱낱이 보이겠다.

이 화장세계품으로 세계성취품을 섭수한다면 이 가운데 취입이 저기에 기구인연과 그리고 청정의 이사二事를 섭수하나니,
취입이 곧 삼해탈문이니 가히 세계의 원인이 되어 세계로 하여금 청정케 하는 까닭이다.
이 가운데 힘으로 주지하는(力持) 것이 나머지 삼사를 섭수하나니 말하자면 부처님의 출흥과 세월이 머무는 것과 그리고 세월이 전변하는 것이다.
힘으로 주지하는 것이 곧 이 광대한 법희이니 부처님이 없다면 무엇으로 좇아 법희를 얻겠는가.
하물며 부처님의 힘으로 주지하는 것이 있다 할지라도 만약 부처님이 출흥하지 않는다면 다만 밥으로써 주지할 뿐이거니와, 만약 부처님이 세상에 출흥한다면 곧 법으로써 주지함이 있을 것이니 만약 밥으로써 주지한다면 주지하는 시간이 적고 만약 법으로써 주지한다면 주지하는 세월이 곧 길 것이다.
두 가지 힘으로 주지하는 것이 다 전변함에 통하나니
법으로써 주지함에 곧 더러운 것이 변하여 깨끗한 것이 되고, 밥으로써 주지함에 곧 깨끗한 것이 변하여 더러운 것이 되는 것이다.
그런 까닭으로 『구사론』에 말하기를 삼재가 일어날 때는 두 가지 원인을 인유하나니,
첫 번째는 좋은 맛에 탐착하는 것이요
두 번째는 게으른 것이다 하였으니
그런 까닭으로 밥으로 주지함에 깨끗한 것이 변하여 더러운 것이 된다 한 것이다.

이상은 여기에 이사二事[284]로써 저기에 오사五事를 섭수하였나니 오사五事가 온전히 같기에 그런 까닭으로 십사가 갖추어진 것이다.

만약 세계성취품으로써 화장세계품을 섭수한다면 이상은 여기에 이사二事로써 저기에 오사를 섭수하였다고 한 것은 곧 저기에 오사로써 여기에 이사에 섭수한 것이어니와, 여기에 나머지 삼사인 말하자면 방소와 분제와 그리고 행렬은 저기에 어찌 섭수하겠는가.
곧 오사五事의 같은 가운데 의주와 형상의 이사二事로써 섭수하는 바이니,
다만 의주가 있으면 곧 방소와 그리고 행렬이 있는 까닭이요
다만 형상이 있으면 곧 분제가 있는 것이다.
곧 저기에 칠사七事로써 여기에 오사五事에 섭수하나니,
오사가 온전히 같기에 곧 십사가 또한 갖추어진 것이다.
그런 까닭으로 두 곳[285]에서 각각 십사를 들어 섭수하지 아니한 바가 없다.
방편으로 나타내는 것이 다단하기에 그런 까닭으로 서로 숨기도 하고 나타나기도 하였지만 이치는 실로 서로 설출하여 십팔원만을 나타내었다 하겠다.

---

284 이사二事란, 취입趣入과 역지力持이다.

285 두 곳(二處)이란, 세계성취품과 화장세계품이다.

疏

又上諸文의 一一段中에 具多圓滿하야 一一融攝일새 故異餘宗이라

또 위에 모든 문장의 낱낱 단段 가운데 수많은 원만을 구족하여 낱낱이 융섭하였기에 그런 까닭으로 나머지 종파와는 다른 것이다.

經

諸佛子야 此世界種이 或有依大蓮華海住하며 或有依無邊色寶華海住하며 或有依一切眞珠藏의 寶瓔珞海住하며 或有依香水海住하며 或有依一切華海住하며 或有依摩尼寶網海住하며 或有依漩流光海住하며 或有依菩薩寶莊嚴冠海住하며 或有依種種衆生身海住하며 或有依一切佛音聲摩尼王海住니라 如是等을 若廣說者인댄 有世界海微塵數하니라

모든 불자여, 이 세계종이 혹 큰 연꽃의 바다를 의지하여 머물고 있으며
혹 끝없는 색상의 보배 꽃 바다를 의지하여 머물고 있으며
혹 일체 진주 창고의 보배 영락 바다를 의지하여 머물고 있으며
혹 향수의 바다를 의지하여 머물고 있으며
혹 일체 꽃의 바다를 의지하여 머물고 있으며
혹 마니보배 그물 바다를 의지하여 머물고 있으며
혹 돌아 흐르는 광명의 바다를 의지하여 머물고 있으며
혹 보살의 보배 장엄관冠 바다를 의지하여 머물고 있으며
혹 가지가지 중생 몸의 바다를 의지하여 머물고 있으며
혹 일체 부처님 음성 마니왕의 바다를 의지하여 머물고 있습니다.
이와 같은 등을 만약 폭넓게 설한다면 세계의 바다에 작은 티끌 수만치 많은 세계종이 있습니다.

疏

二는 隨門廣釋호대 但釋其三이니 謂依住形體라 餘七雖略이나 義上已說이라 今初依住中에 初列後結이니 文並可知라

두 번째는 십문을 따라 널리 해석하되[286] 다만 그 삼문만 해석하였나니 말하자면 의지하여 머무는 것과 형상과 체성이다.
나머지 칠문은 비록 생략하였으나 그 뜻은 위에서 이미 설하였다.[287]
지금은 처음으로 의지하여 머무는 가운데 처음에는 열거한 것이요 뒤에는 맺는 것이니
문장은 아울러 가히 알 수가 있을 것이다.

---

286 두 번째는 십문을 따라 널리 해석한다고 한 것은 영인본 화엄 4책, p.73, 8행에 처음에는 십문을 열거한 것이요 뒤에는 십문을 따라 널리 해석한 것이다 하였으니 바로 그것이다.

287 그 뜻은 위에서 이미 설하였다고 한 것은 영인본 화엄 4책, p.73, 8행 소문이다. 『잡화기』는 상이上已는 이상已上이라 하였다. 그러나 뜻은 모두 같다 하겠다.

經

諸佛子야 彼一切世界種이 或有作須彌山形하며 或作江河形하며 或作迴轉形하며 或作漩流形하며 或作輪輞形하며 或作壇墠形하며 或作樹林形하며 或作樓閣形하며 或作山幢形하며 或作普方形하며 或作胎藏形하며 或作蓮華形하며 或作佉勒迦形하며 或作衆生身形하며 或作雲形하며 或作諸佛相好形하며 或作圓滿光明形하며 或作種種珠網形하며 或作一切門闥形하며 或作諸莊嚴具形하니라 如是等을 若廣說者인댄 有世界海微塵數하니라

모든 불자여, 저 일체 세계종이 혹 수미산의 형상을 짓고 있으며
혹 강의 형상을 짓고 있으며
혹 회전하는 형상을 짓고 있으며
혹 돌아서 흐르는 형상을 짓고 있으며
혹 수레바퀴 테[288]의 형상을 짓고 있으며
혹 단선壇墠[289]의 형상을 짓고 있으며
혹 나무숲의 형상을 짓고 있으며
혹 누각의 형상을 짓고 있으며
혹 산당山幢[290]의 형상을 짓고 있으며

288 輞은 수레바퀴테 망이다.

289 墠은 제사 터 선이다.

290 산당山幢이란 산꼭대기, 산 늘어진 모습이다. 아래 광설십문廣說十門 가운데

혹 넓은 방위의 형상을 짓고 있으며
혹 태장胎藏[291]의 형상을 짓고 있으며
혹 연꽃의 형상을 짓고 있으며
혹 거륵가[292]의 형상을 짓고 있으며
혹 중생 몸의 형상을 짓고 있으며
혹 구름의 형상을 짓고 있으며
혹 모든 부처님 상호의 형상을 짓고 있으며
혹 원만한 광명의 형상을 짓고 있으며
혹 가지가지 진주 그물의 형상을 짓고 있으며
혹 일체 문의 형상을 짓고 있으며
혹 모든 장엄구의 형상을 짓고 있습니다.
이와 같은 등을 만약 폭넓게 설한다면 세계의 바다에 작은 티끌 수만치 많은 형상이 있습니다.

疏

二에 形狀中에 初는 列二十種이요 後는 結塵數不同이라 今初에 迴轉形者는 禰褻往來之形也요 壇墠形者는 築土爲壇이요 除地爲墠이라 佉勒迦者는 梵音이니 此云竹篅也라

는 시라당세계尸羅幢世界라 하였다.

291 태장胎藏이란, 태중胎中이다.

292 거륵가佉勒迦란, 대로 만든 바구니이다. 소문에 있다.

두 번째 형상 가운데 처음에는 이십종을 열거한 것이요
뒤에는 티끌 수로도 같을 수 없음을 맺는 것이다.
지금은 처음으로 회전하는 형상이라고 한 것은 옷 주름[293]이 왔다 갔다 한 형상이요
단선의 형상이라고 한 것은 흙을 높이 쌓은 것을 단壇이라 하고 제사 터를 손질하는 것을 선墠이라 한다.[294]
거륵가佉勒迦라고 한 것은 범음梵音이니 여기서 말하면 대나무 둥구미[295]이다.

293 원문에 접설襵褻이란, 襵은 주름 접, 褻은 주름 설이다. 『잡화기』에 '접'은 옷 주름이고, '설'은 속옷이라 하였다.

294 단壇은 흙을 높이 쌓아 위가 평평하게 만든 것을 말한다. 즉 제사나 어떤 의식을 진행하기 위하여 만든 것이 단이다. 除地의 除 자는 다스릴 제 자로 제사 터를 손질하는 것을 말한다. 바로 그것을 선墠이라 한다.

295 篅은 대 둥구미 천, 즉 대바구니이다. 짚으로 만든 것도 있다.

經

諸佛子야 彼一切世界種이 或有以十方摩尼雲으로 爲體하며 或有以衆色焰으로 爲體하며 或有以諸光明으로 爲體하며 或有以寶香焰으로 爲體하며 或有以一切寶莊嚴多羅華로 爲體하며 或有以菩薩影像으로 爲體하며 或有以諸佛光明으로 爲體하며 或有以佛色相으로 爲體하며 或有以一寶光으로 爲體하며 或有以衆寶光으로 爲體하며 或有以一切衆生의 福德海音聲으로 爲體하며 或有以一切衆生의 諸業海音聲으로 爲體하며 或有以一切佛의 境界淸淨音聲으로 爲體하며 或有以一切菩薩의 大願海音聲으로 爲體하며 或有以一切佛의 方便音聲으로 爲體하며 或有以一切刹의 莊嚴具成壞音聲으로 爲體하며 或有以無邊佛音聲으로 爲體하며 或有以一切佛의 變化音聲으로 爲體하며 或有以一切衆生의 善音聲으로 爲體하며 或有以一切佛의 功德海淸淨音聲으로 爲體하니라 如是等若廣說者인댄 有世界海微塵數하니라

모든 불자여, 저 일체 세계종이 혹 시방에 마니 구름으로써 체성을 삼고 있으며

혹 수많은 색상의 불꽃으로 체성을 삼고 있으며

혹 모든 광명으로써 체성을 삼고 있으며

혹 보배 향 불꽃으로써 체성을 삼고 있으며

혹 일체 보배 장엄 다라수 꽃으로 체성을 삼고 있으며

혹 보살의 영상으로써 체성을 삼고 있으며
혹 모든 부처님의 광명으로써 체성을 삼고 있으며
혹 부처님의 색상으로써 체성을 삼고 있으며
혹 한 보배 광명으로써 체성을 삼고 있으며
혹 수많은 보배 광명으로써 체성을 삼고 있으며
혹 일체중생의 복덕의 바다에 음성으로써 체성을 삼고 있으며
혹 일체중생의 모든 업의 바다에 음성으로써 체성을 삼고 있으며
혹 일체 부처님의 경계에 청정한 음성으로써 체성을 삼고 있으며
혹 일체 보살의 큰 서원의 바다에 음성으로써 체성을 삼고 있으며
혹 일체 부처님의 방편의 음성으로써 체성을 삼고 있으며
혹 일체 국토에 장엄구가 이루어지고 무너지는 음성으로써 체성을 삼고 있으며
혹 끝없는 부처님의 음성으로써 체성을 삼고 있으며
혹 일체 부처님의 변화하시는 음성으로써 체성을 삼고 있으며
혹 일체중생의 좋은 음성으로써 체성을 삼고 있으며
혹 일체 부처님의 공덕의 바다에 청정한 음성으로써 체성을 삼고 있습니다.
이와 같은 등을 만약 폭넓게 설한다면 세계의 바다에 작은 티끌 수만치 많은 체성이 있습니다.

疏

三에 明體中에 先列後結이라 列中에 亦二十種이니 前十은 色相이

요 後十은 是聲이니 會釋如前하니라

세 번째 체성을 밝히는 가운데 먼저는 열거한 것이요
뒤에는 맺는 것이다.
열거한 가운데 또한 이십종이 있나니
앞에 십종은 색상이요
뒤에 십종은 이 음성이니
회석한 것은 앞에서 말한 것과 같다.[296]

296 회석한 것은 앞에서 말한 것과 같다고 한 것은 장자권張字卷 상권 42장이니 곧 세계성취품이다. 『잡화기』는 다만 장자권 42장을 가리킨다고만 하였다.

經

爾時에 普賢菩薩이 欲重宣其義하야 承佛神力하야 觀察十方하고 而說頌言호대

刹種堅固妙莊嚴과　廣大淸淨光明藏이
依止蓮華寶海住하며 或有住於香海等이니다

그때에 보현보살이 거듭 그 뜻을 선설하고자 하여 부처님의 위신력을 받아 시방을 관찰하고 게송을 설하여 말하기를

찰종의 견고하고 묘한 장엄과
광대하고 청정한 광명의 창고가
연꽃 보배의 바다를 의지하여 머물며
혹 향수해를 의지하여 머물고 있는 등입니다.

疏

應頌有十하니 分爲六段하리라 初一은 頌依住라

응송에 열 가지가 있나니
나누어 육단으로 하겠다.
처음에 한 게송은 의주依住를 읊은 것이다.

經

須彌城樹壇墠形인 一切剎種遍十方하며
種種莊嚴形相別하야 各各布列而安住하니다

수미산과 성과 나무숲과 단선의 형상인
일체 찰종이 시방에 두루하며
가지가지 장엄의 형상이 달라
각각 펼쳐 줄지어 안주합니다.

疏

次一은 形狀과 及布列安住라

다음에 한 게송은 형상과 그리고 펼쳐 줄지어[297] 안주함을 읊은 것이다.

---

297 원문에 포열布列은 위에서는 행렬行列이라 하였다.

經

或有體是淨光明이며 或是華藏及寶雲이며
或有刹種焰所成인 安住摩尼不壞藏이니다

燈雲焰彩光明等이며 種種無邊淸淨色이며
或有言音以爲體니 是佛所演不思議니이다

或是願力所出音과 神變音聲爲體性하며
一切衆生大福業과 佛功德音亦如是니이다

혹 어떤 찰종[298]은 체성이 청정한 광명이며
혹 연꽃 창고이며 그리고 보배 구름이며
혹 어떤 찰종은 불꽃으로 이루어진 바
마니의 무너지지 않는 창고에 안주합니다.

혹 등 구름[299]이며 불꽃 채색이며 광명 등等이며

298 혹 어떤 찰종 이하 한 게송은 체성의 이십구二十句 가운데 앞에 십구十句를 모두 읊은 것이다.

299 혹 등 구름 이하 한 게송 가운데 전반前半은 역시 앞에 십구를 모두 읊은 것이고, 후반後半은 뒤에 십구를 모두 읊은 것이다.
등 구름은 앞에 십구 가운데 제일구이고, 불꽃 채색은 앞에 십구 가운데 제이구이고, 광명 등等은 앞에 십구 가운데 제삼구이다.

가지가지 끝없는 청정한 색상이며
혹 어떤 찰종은 음성으로써 체성을 삼았으니
이것이 부처님이 연설하신 바 사의할 수 없는 것입니다.

혹 원력[300]으로 유출한 바 음성과
신통변화[301]의 음성으로 체성을 삼으며
일체중생[302]의 큰 복덕의 업과
부처님의 공덕[303]의 바다에 음성도 또한 이와 같습니다.

疏

次三은 體性이라

다음에 세 가지 게송은 체성을 읊은 것이다.

300 혹 원력 운운은 뒤에 십구 가운데 제사구이다.

301 신통변화 운운은 뒤에 십구 가운데 제팔구이다.

302 일체중생 운운은 뒤에 십구 가운데 제일구이다.

303 부처님의 공덕 운운은 뒤에 십구 가운데 제십구이다.

經

刹種一一差別門이 不可思議無有盡하며
如是十方皆遍滿한 廣大莊嚴現神力하니다

十方所有廣大刹이 悉來入此世界種하며
雖見十方普入中이나 而實無來無所入하니다

以一刹種入一切하며 一切入一亦無餘하며
體相如本無差別하며 無等無量悉周遍하니다

찰종의 낱낱 차별문이
가히 사의할 수 없고 끝이 없으며
이와 같이 시방에 다 두루 가득한
광대한 장엄이 위신력으로 나타납니다.

시방에 있는 바 광대한 국토가
다 이 세계종에 들어오며
비록 시방이 널리 이 가운데 들어옴을 보지만
진실로 온 적도 없고 들어간 바도 없습니다.

한 찰종으로써 일체에 들어가며
일체로써 한 찰종에 들어가는 것도 또한 남김없이 하며

체상은 본래와 같이 차별이 없으며
비등할 수도 없고 헤아릴 수도 없지만 다 두루합니다.

疏

次三은 頌於四事니 謂初偈에 初二句는 頌所入門이요 次句는 方所요 第四句는 莊嚴이라 餘二偈中에 廣大刹之本相은 卽是分齊廣陜이요 此彼相入은 亦頌趣入이라 初偈는 以多入一이요 後偈는 一多互入이라

다음에 세 가지 게송은 사사四事[304]를 읊은 것이니
말하자면 처음 게송에 처음에 두 구절은 들어갈 바(趣入) 문을 읊은 것이요
다음 구절은 방소를 읊은 것이요
제 네 번째 구절은 장엄을 읊은 것이다.
나머지 두 게송 가운데 광대한 세계의 본래 모습은 곧 이 분제의 넓고 좁은 것이요
이것과 저것이 서로 들어가는 것은 또한 취입을 읊은 것이다.

---

304 원문에 삼사三事는 사사四事라야 옳다. 『잡화기』는 사사四事라 해야 한다 하였다. 그러나 또 다른 본에는 오사五事라 하였으니 소문을 보면 알 수가 있다. 즉 사사四事는 소입문과 방소와 장엄과 분제이다. 오사五事는 아래 역송취입亦頌趣入이라 한 것을 더한 것이다. 그러나 사사四事는 앞에 들어갈 바 문을 곧 취입趣入으로 보아 취입을 제외하니 사사四事라 할 것이다. 그 이유는 역송취입亦頌趣入 즉 취입을 또 읊었다고 한 때문이다.

처음에 게송[305]은 많은 세계로써 한 세계에 들어가는 것이요
뒤에 게송은 한 세계와 많은 세계가 서로 들어가는 것이다.

鈔

此彼相入은 亦頌趣入者는 故上疏中에 釋趣入義에 以爲此解하니라
於中有二하니 先은 略屬偈文이라

이것과 저것이 서로 들어가는 것은 또한 취입을 읊은 것이라고 한 것은 짐짓 위에 소문疏文[306]에서 취입의 뜻을 해석함에 이미 이 해석을 하였다.
그 가운데 두 가지가 있나니
먼저는 간략하게 게송문을 배속한 것이다.

疏

皆入而無入이니 入則壞緣起요 不入壞性用이라

다 들어가지만 들어간 적이 없는 것이니
들어간다고 하면 곧 연기를 무너뜨리는 것이요,
들어간 적이 없다고 하면 자성의 작용을 무너뜨리는 것이다.[307]

---

305 처음에 게송이라고 한 것은 여기서는 나머지 두 게송 가운데 처음 게송이니 제 두 번째 게송이고 뒤에 게송은 제 세 번째 게송이다.

306 위에 소문疏文이라고 한 것은 영인본 화엄 4책, p.76, 8행이다.

鈔

皆入而無入下는 通釋二偈라 入無入言은 前偈中有로대 義通後偈일새 故致皆言이라 總有三意하니 初一은 反釋이니 通緣起相由와 及法性融通二門이라 約緣起門者인댄 凡緣起法이 要有三義하니 一은 諸緣各異義요 二는 互遍相資義요 三은 俱存無礙義라 今云入則壞緣起者는 反釋不入이니 入則失緣이니 則無諸緣이 各異之義리라 言不入則壞性用者는 反釋入義니 則不得不入이라 不入인댄 則不得力用交徹故요 無互遍相資義인댄 則壞用也라 若具入不入인댄 則俱存無礙하야 成緣起門이라 言法性融通門者는 卽性之一字라 夫法性融通은 要不壞相하고 而卽眞性이라 入則壞緣起者는 無可相入이요 不入則壞性者는 則性不遍一切法이니 故로 由不壞相하고 而性能普遍하야사 方是法性融通義也니라

다 들어가지만 들어간 적이 없다고 한 아래는 두 가지 게송을 통석한 것이다.
들어가지만 들어간 적이 없다는 말은 앞의 게송 가운데만 있지만 뜻이 뒤의 게송에까지 통하기에 그런 까닭으로 다(皆)라는 말을 이루는 것이다.
모두 세 가지 뜻이 있나니
처음에는 한 가지는 반대로 해석한 것이니

307 원문에 不入壞性用이라고 한 것은 法性의 입장은 用 자를 취하지 않고, 緣起의 입장은 性 자를 취하지 않는다고 『잡화기』는 말한다.

연기상유문과 그리고 법성융통문의 두 가지 문에 통하는 것이다.
연기문을 잡는다면 무릇 연기의 법이 반드시 세 가지 뜻이 있나니
첫 번째는 모든 인연이 각각 다르다는 뜻이요
두 번째는 서로 두루하고 서로 돕는다는 뜻이요
세 번째는 함께 존재하지만 걸림이 없다는 뜻이다.

지금에 말하기를 들어간다고 하면 곧 연기를 무너뜨리는 것이라고 한 것은 들어간 적이 없다는 뜻을 반대로 해석한 것이니,
들어간다고 하면 곧 연기를 잃는 것이니 곧 모든 인연이 각각 다르다는 뜻이 없어야 할 것이다.
들어간 적이 없다고 하면 자성의 작용을 무너뜨리는 것이라고 말한 것은 들어간다는 뜻을 반대로 해석한 것이니,
곧 들어간 적이 없다는 뜻을 얻을 수 없다는 것이다.
들어간 적이 없다고[308] 하면 곧 역용力用이 서로 사무침을 얻을 수 없는 까닭이요
서로 두루하고[309] 서로 돕는다는 뜻이 없다고 하면 곧 자성의 작용을 무너뜨린 것이다.
만약 들어가고[310] 들어간 적이 없음을 구족한다면 곧 함께 존재하지만 걸림이 없어서 연기문을 이룰 것이다.

---

308 들어간 적이 없다고 운운한 것은 세 가지 뜻 가운데 첫 번째 뜻이다.
309 서로 두루하고 운운한 것은 세 가지 뜻 가운데 제 두 번째 뜻이다.
310 만약 들어가고 운운한 것은 세 가지 뜻 가운데 제 세 번째 뜻이다.

법성융통문이라고 말한 것은 곧 성性의 한 글자이다.
대저 법성융통이란 반드시 모습을 무너뜨리지 않고 참다운 자성에 즉하는 것이다.

들어간다고 하면 곧 연기를 무너뜨리는 것이라고 한 것은 가히 서로 들어갈 수 없다는 것이요
들어간 적이 없다고 하면 자성을 무너뜨리는 것이라고 한 것은 곧 자성이 일체법에 두루하지 않는다는 것이니,
그런 까닭으로 모습을 무너뜨리지 않고 자성이[311] 능히 넓게 두루함을 인유하여야 바야흐로 이것이 법성이 융통한 뜻이라 할 것이다.

疏

又要由不入하야사 方能入耳니라

또 반드시 들어간 적이 없음을 인유하여야 바야흐로 능히 들어가는 것이다.

鈔

二에 又要由不入하야사 方能入耳者는 卽順釋也니 亦通二門이나 唯

311 원문에 성이性而는 이성而性이라 해야 옳다. 『잡화기』에 말하기를 불괴상성不壞相性이라고 한 것은 모습을 무너뜨리지 아니한 자성이고 혹 성이性而라는 두 글자는 앞뒤로 바뀌었다 하였으니 여기 나의 해석과 같다 하겠다.

就相說이라 若約緣起門인댄 要由諸緣이 歷然不入하야사 方得相資하고 遍相入耳요 若約法性融通門者인댄 要由事相歷然하야사 方隨理融하야 入一切法이니 故說호대 若唯約理인댄 無可卽入이라하니라

두 번째 또 반드시 들어간 적이 없음을 인유하여야 바야흐로 능히 들어간다고 한 것은 곧 순리대로 해석한 것이니,
또한 이문二門[312]에 통하지만 오직 모습에만 나아가 설한 것이다.
만약 연기상유문을 잡는다면 반드시 모든 인연이 분명하게 들어간 적이 없음을 인유하여야 바야흐로 서로 돕고 두루 서로 들어감을 얻을 것이요
만약 법성 융통문을 잡는다면 반드시 사상事相이 분명함을 인유하여야 바야흐로 진리를 따라 융통하여 일체법에 들어갈 것이니,
그런 까닭으로 말하기를 오직 진리만을 잡는다면 가히 즉입卽入할 것이 없다 한 것이다.

疏

又約體本空故로 無來無入이요 約相不壞故로 如本無差요 以性融相일새 故得互入이라

또 체성이 본래 공함을 잡은 까닭으로 온 적도 없고 들어간 적도 없는 것이요

312 이문二門은 연기상유문과 법성융통문이다.

모습을 무너뜨리지 아니함을 잡은 까닭으로 본래와 같아 차별이 없는 것이요
자성으로써 모습을 융통하기에 그런 까닭으로 서로 들어감을 얻는 것이다.

鈔

三에 又約體空下는 亦順明이나 而雙約性相이라 上第一義는 相卽不入이요 性卽能入이라 今此一義는 獨相獨性이 俱不能入이니 要二相融하야사 方能入故니라 言又約體空에 則無來無入者는 是若唯約性인댄 無可卽入이요 言約相不壞에 如本無差者는 卽若唯約事인댄 不能卽入이니 上二는 皆是不入義니라 言以性融相일새 故得互入者는 卽釋入義라 是顯正義니 謂不異理之一事가 全攝法性時에 令彼不異理之多事로 隨所依理하야 皆於一中現等이라 一事攝理가 旣爾인댄 多事攝理도 亦然하야 則一事가 隨所依理하야 皆於多中現일새 故得互入이니 是法性融通門也니라

세 번째 또 체성이 본래 공함을 잡은 까닭이라고 한 아래는 또한 순리대로 밝힌 것이지만 그러나 자성과 모습을 모두 잡아 밝힌 것이다.
위에 제일 첫 번째 뜻은 모습은 곧 들어간 적이 없고, 자성은 곧 능히 들어가는 것이다.
지금에 이 한 뜻은 오직 모습과 오직 자성이 함께 능히 들어간

적이 없나니,
반드시 둘이 서로 융통하여야 바야흐로 능히 들어가는 까닭이다.

또 체성이 본래 공함을 잡음에 곧[313] 온 적도 없고 들어간 적도 없다고 말한 것은 이것은 만약 오직 자성만을 잡는다면 가히 즉입卽入할 것이 없다는 것이요
모습을 무너뜨리지 아니함을[314] 잡음에 본래와 같아 차별이 없다고 말한 것은 곧 만약 오직 사실만을 잡는다면 능히 즉입卽入할 수 없다는 것이니,
이상에 두 가지[315]는 다 들어간 적이 없다는 뜻이다.
자성으로써 모습을 융통하기에 그런 까닭으로 서로 들어감을 얻었다고 말한 것은 곧 들어간다는 뜻을 해석한 것이다.
이것은 바른 뜻을 나타낸 것이니
말하자면 진리와 다르지 아니한 한 사실(一事)이 온전히 법성에 융섭할 때에 저 진리와 다르지 아니한 수많은 사실(多事)로 하여금 의지하는 바 진리를 따라 다 하나 가운데 나타나게 하는 등이다.
한 사실(一事)이 진리에 융섭하는 것이 이미 그렇다면 수많은 사실이 진리에 융섭하는 것도 또한 그러하여 곧 한 사실이 의지하는 바

313 즉則 자는 소문에는 고故 자이다.

314 무너뜨리지 않는다고 한 아래에 소문에는 고故 자가 있다.

315 이상에 두 가지라고 한 것은 一은 체성이 본래 공함을 잡은 까닭으로 온 적도 없고 들어간 적도 없다 한 것이고, 二는 모습을 무너뜨리지 아니함을 잡은 까닭으로 본래와 같아 차별이 없다 한 것이다.

진리를 따라 다 수많은 사실 가운데 나타나기에 그런 까닭으로
서로 들어감을 얻나니
이것이 법성융통문이다.

經

一切國土微塵中에 普見如來在其所하니
願海言音若雷震하야 一切衆生悉調伏하니다

일체 국토의 작은 티끌 가운데
널리 여래께서 그곳에 계심을 보니
원력의 바다에 말소리를 우뢰와 같이 진동하여
일체중생을 다 조복하십니다.

疏

次一은 頌無差니 謂塵容佛海가 等無差故니라

다음에 한 게송은 무차별을 읊은 것이니
말하자면 작은 티끌 가운데 용납한 부처님의 바다가 평등하여 차별이 없는 까닭이다.

經

佛身周遍一切刹하시며 無數菩薩亦充滿하나니
如來自在無等倫이 普化一切諸含識하니다

부처님의 몸은 일체 국토에 두루하시며
무수한 보살도 또한 충만하나니
여래의 자재하고 비등하여 짝할 수 없는 이가
널리 일체 모든 중생을 교화하십니다.

疏

後一은 頌力持니 主伴이 皆是神力任持라 普化之言은 兼於法味라

뒤에 한 게송은 힘으로 주지함[316]을 읊은 것이니
주主·반伴[317]이 다 위신력으로 임지任持하는 것이다.
널리 교화한다고 한 말은 법미法味[318]도 겸하고 있다.

---

316 원문에 역지力持라고 한 것은 역力은 위신력이고, 지持는 주지住持·임지任持·의지依持의 뜻이 있다.

317 주主·반伴이라고 한 것은 주主는 부처님이고 반伴은 보살이다.

318 법미法味라고 한 것은 부처님의 가지加持에 두 가지가 있나니 하나는 법지法持이고 하나는 식지食持이다.

經

爾時에 普賢菩薩이 復告大衆言호대 諸佛子야 此十不可說佛刹微塵數香水海가 在華藏莊嚴世界海中이 如天帝網이 分布而住하니라

그때에 보현보살이 다시 대중에게 일러 말하기를 모든 불자여, 이 열 곱절 가히 말할 수 없는 부처님의 국토에 작은 티끌 수만치 많은 향수해가 연화장 장엄세계의 바다 가운데 있는 것이 마치 하늘에 제석의 그물이 분포되어 안주하는 것과 같습니다.(불가설 위에 지금에는 북장경을 의지하여 十字를 보증하였다.)

疏

第二에 別明種刹香海하야 雙釋二章者는 謂香海依刹海하고 刹種依香海하고 諸刹依刹種하나니 亦有長行偈頌이라 長行分三하리니 初는 總擧諸海所依요 二는 次第別顯海種及刹이요 第三은 總略結釋이니 今初也라 上來에 雖復但標刹種과 及刹二章이나 而釋依住中에 皆云依海라할새 故列海數어니와 此多香海가 並在刹海地面일새 故云所依라하니라 言如帝網者는 大都分布는 則似車輪거니와 其有別者는 謂帝釋殿網이 貫天珠成이로대 以一大珠當心하고 次以其次大珠로 貫穿匝繞하야 如是展轉遞繞를 經百千匝이나 若上下四面에 四角望之인댄 皆行伍相當하나니 今此香

海가 雖在地面이나 分布相似하고 又有涉入이 重重之義일새 故云如也라하니라

제 두 번째 종찰에 향수해를 따로 밝혀 두 문장을 함께 해석한다고 한 것은 말하자면 향수해는 찰해를 의지하고 찰종은 향수해를 의지하고 모든 세계는 찰종을 의지하나니,
또한 장행문과 게송문이 있다.
장행문을 세 가지로 분류하리니
처음에는 모든 바다가 의지하는 바를 거론한 것이요
두 번째는 차례로 모든 바다에 찰종과 그리고 세계(刹)를 따로 나타낸 것이요
제 세 번째는 모두 생략하고 맺어 해석한 것이니
지금은 처음이다.
상래에 비록 다시 다만 찰종과 그리고 세계의 두 문장[319]을 표하였지만 그러나 의주依住[320]를 해석하는 가운데 다 말하기를 바다를 의지한다 하였기에 그런 까닭으로 바다의 수를 열거하였거니와, 여기에는 수많은 향수해가 아울러 찰해의 지면에 있기에 그런 까닭으로 말하기를 의주하는 바라 하였다.

하늘에 제석의 그물이 분포되어 안주하는 것과 같다고 말한 것은 크게 다 분포되어 있는[321] 것은 곧 마치 수레바퀴와 같거니와 거기에

---

319 三章이라 한 三 자는 二 자의 잘못이다.

320 의주依住라고 한 것은 영인본 화엄 4책, p.85, 5행 이하이다.

별도로 있는 것은 말하자면 제석궁전에 그물이 천주天珠를 꿰어 만들었으되 하나의 큰 구슬로 중심을 잡고 다음은 그 다음 큰 구슬로 꿰뚫어 돌아 이와 같이 전전히 번갈아 돌기를 백천 번을 지나 돌지만, 만약 상·하 사면에 사각四角을 바라본다면 다 행오行伍[322]의 모습에 상당하나니,

지금에 이 향수해가 비록 지면에 있지만 분포된 것이 서로 비슷하고[323]

---

321 크게 다 분포되어 있다고 한 것은 향수해가 크게 분포되어 있다는 것이다. 『잡화기』에 말하기를 크게 다 분포되어 있다 운운한 것은 말하자면 제석궁전에 크게 다 분포되어 있는 것이 마치 수레바퀴 모습 같지만 그 가운데 따로 분포한 것도 곧 저 제석궁전에 거물이 하늘 구슬의 꿴 것과 같다 하였다.

322 행오行伍라고 한 것은 다섯 사람이 한 조가 된 군대의 편성을 말한다.

323 비록 지면에 있지만 분포된 것이 서로 비슷하다고 한 것은, 그 뜻에 말하기를 비록 저 분포는 제석천의 그물이고 이 분포는 지면이나 분포의 모습이 피차 서로 비슷한 것이다. 또 이 향수해가 섭입하는 것이 중중한 뜻이 있는 까닭으로 제석천의 그물과 같다고 말하는 것이다. 이것은 곧 경문이 글은 처음에 뜻을 나타내고 그 뜻은 뒤에 뜻을 포함하고 있는 것이니, 이것을 의거한다면 마땅히 吐를 천제망天帝網'의'라 말할 것이다. 강사가 옛날에 말하기를 여천제망(영인본 화엄 4책, p.95, 1행)이라 한 구절은 비유를 인용한 것이니 곧 그 뜻은 섭입하는 것이 중중함을 취한 것이고, 분포이주(영인본 화엄 4책, p.95, 2행)라 한 구절은 비유가 아니다. 곧 만약 또 비유로 인용한다면 마땅히 또한 수레바퀴와 같다고 말할 것이니 제망하'며' 吐이다. 소문 가운데 거기에 별도로 있는 것(영인본 화엄 4책, p.95, 9행)이라고 운운한 것은 곧 제석천의 그물이 중중으로 섭입하는 모습을 현시한 것이고, 지금에 이 향수해가 운운한 것은 말하자면 이 향수해가 비록 지면에 있으나 분포되는 모습이 낱낱이 서로 비슷하고 그러나 또 섭입하는 것이 중중한 뜻이 있기에 제석천의

또 섭입涉入이 중중한 뜻이 있기에 그런 까닭으로 말하기를 같다(如)[324]고 한 것이다.

그물로써 비유한 것이다 하니, 지금의 해석이 옳고 옛날의 해석 옳지 않을까 염려한다. 역시 『잡화기』의 말이다. 그러나 나는 제망'이' 토로 번역하였으니 사기주私記主가 말한 제망'의' 토와 같다 하겠다.

324 같다(如)고 한 것은 경문에 하늘에 제석의 그물이 분포되어 안주하는 것과 같다고 한 것을 말한다.

經

諸佛子야 此最中央香水海는 名無邊妙華光이니 以現一切菩薩形하는 摩尼王幢으로 爲底하며

모든 불자여, 이 최고 중앙에 향수해는 이름이 끝없는 묘한 꽃 광명이니
일체 보살의 형상을 나타내는 마니왕 당기[325]로 바닥을 삼았으며

疏

第二에 諸佛子야 此最中下는 次第로 別顯諸海種刹이라 文分爲三하리니 初는 辯中間一海요 次는 辯右旋十海요 後는 明十海所管之海라 然十海가 各管不可說佛刹塵數之海하나니 總顯인댄 則有十不可說佛刹塵數어니와 次第說者인댄 但有一百一十一海니 餘皆略指니라 今初中央一海를 文分爲二하리니 先은 明香海出華하야 以持刹種이요 後에 有不可說下는 明所持世界라 前中有三하니 初는 香海名이니 以多華發光故며 亦由菩薩行華하야 而爲因

325 일체 보살의 형상을 나타내는 마니왕 당기라고 한 것은 이 아래 영인본 화엄 4책, p.208, 8행에도 같은 이름이 있다. 같은 책 p.209, 1행 소문에서 청량스님은 이 같은 이름을 이 한 연꽃이 뜻을 따라 이름이 다른 것이니 이 작용이 있는 까닭이다. 앞에 최고 중앙의 바다(향수해) 바닥(底)으로 더불어 이름이 같나니 중간의 바다 바닥은 곧 이 큰 연꽃의 자체라 하고 혹 이것은 번역자의 잘못이 아닌가 한다 하였다.

故니라

제 두 번째 모든 불자여, 이 최고 중앙에 향수해라고 한 아래는 차례로 모든 바다에 찰종과 세계를 따로 나타낸 것이다.
경문을 나누어 세 가지로 하리니
처음에는 중간에 한 바다를 분별한 것이요
다음에는 오른쪽으로 돌아 열 바다를 분별한 것이요
뒤에는 열 바다가 관장하는 바 바다를 밝힌 것이다.
그러나 열 바다가 각각 가히 말할 수 없는 부처님의 국토에 작은 티끌 수만치 많은 바다를 관장하나니
한꺼번에 나타낸다면 곧 열 곱절 가히 말할 수 없는 부처님의 국토에 작은 티끌 수만치 많은 바다가 있거니와, 차례로 따로 설한다면 다만 일백일십 한 바다[326]가 있을 뿐이니
나머지는 다 간략하게 가리켰다.

지금은 처음으로 중앙에 한 바다를 문장을 나누어 두 가지로 하리니
먼저는 향수해에서 꽃이 나와 찰종을 주지하는 것이요
뒤에 가히 말할 수 없는 부처님의 국토에 작은 티끌 수만치 많은 세계가 그 가운데 펼쳐 나열되어 있다고 한 아래는 주지하는 바 세계를 밝힌 것이다.
앞의 가운데 세 가지가 있나니

326 일백일십 한 바다라고 한 것은 뒤에 열 바다가 관장하는 바 바다를 밝히되 매 한 바다에 열 바다를 밝힌 까닭이다고 『잡화기』는 말한다.

처음에는 향수해의 이름이니

수많은 꽃이 광명을 일으키는 까닭이며 또한 보살행의 꽃을 인유하여 원인을 삼는 까닭이다.

經

出大蓮華하니 名一切香摩尼王莊嚴이라

그곳에 큰 연꽃이 피어났으니
이름이 일체 향 마니왕으로 장엄한 것입니다.

疏

二는 華名이니 謂以香摩尼로 嚴此華故며 又從摩尼底로 而出生故라 約法인댄 卽萬行圓明之所成故니 海能有華일새 故受華名이요 華依於海일새 取海底稱이라

두 번째는 연꽃의 이름이니
말하자면 향 마니로써 이 연꽃을 장엄한 까닭이며
또 마니의 바닥을 좇아 출생한 까닭이다.
법을 잡는다면 곧 만행이 원명함으로 이룬 바인 까닭이니
바다에 능히 연꽃이 있기에 그런 까닭으로 연꽃의 이름을 받은 것이요
연꽃이 바다에 의지하기에 바다의 바닥을 취하여 이름한 것이다.

鈔

海能有華等者는 以海名이 無邊妙華光故니 如蓮華池의 池受華名

하니라 華依於海者는 海以摩尼王幢으로 爲底故로 華名摩尼王莊嚴이니 如泥中華의 華受泥稱하니라

바다에 능히 연꽃이 있다고 한 등은 바다의 이름이 끝없는 묘한 꽃 광명인 까닭이니
마치 연못의 못이 연꽃의 이름을 받는 것과 같다.[327]
연꽃이 바다에 의지한다고 한 것은 바다가 마니왕 당기로써 바닥을 삼은 까닭으로 연꽃의 이름을 마니왕장엄이라 하나니
마치 진흙 가운데 연꽃의 연꽃이 진흙의 이름을 받는 것과 같다.[328]

---

327 못이 연꽃의 이름을 받는 것과 같다고 한 것은 즉 못에 연꽃이 있으면 연못(蓮池)이라 하는 것과 같다는 것이다. 즉 끝없는 향수해에 일체 향 마니왕 대연화大蓮花가 장엄되어 있기에 바다의 이름을 끝없는 묘한 꽃 광명이라 한다는 것이다.

328 진흙의 이름을 받는 것과 같다고 한 것은 즉 니중생화泥中生華 진흙 가운데 연꽃이 난다는 것이다.

經

有世界種이 而住其上하니 名普照十方熾然寶光明이라 以一切莊嚴具로 爲體하며

세계종이 그 위에 안주하고 있나니
이름이 널리 시방을 비추는 치연한 보배 광명입니다.
일체[329] 장엄구로써 체성을 삼았으며

疏

三은 種名이니 約事인댄 寶光遠照故요 約法인댄 其世界種이 正是所含種子니 一一皆有大智光明이 遍照法界義故며 性德互嚴故니라

세 번째는 찰종의 이름이니
사실(事)을 잡는다면 보배 광명이 멀리까지 비추는 까닭이요
법을 잡는다면 그 세계종이 바로 이 함유한 바 종자이니
낱낱이 다 큰 지혜의 광명이 법계를 두루 비추는 뜻이 있는 까닭이며,
자성의 공덕이 서로 장엄하는 까닭이다.

---

329 원문에 一一切라 한 위에 일一 자는 없는 것이 좋아 제외하였다.

經

有不可說佛刹微塵數世界가 於中布列하니라

가히 말할 수 없는[330] 부처님의 국토에 작은 티끌 수만치 많은 세계가 그 가운데 펼쳐져 나열되어 있습니다.

---

330 경문에 가히 말할 수 없는 세계라고 한 등은 이 단의 총표와 별석과 결문을 『간정기』와 청량의 두 스님이 해석한 바가 같지 않나니, 말하자면 『간정기』는 말하기를 총표와 결문에 다 가히 말할 수 없는 세계 티끌 수만치 많은 세계가 있다 하였거늘 중간의 별변(영인본 화엄 4책, p.99, 1행) 가운데는 다만 이백일십 부처님의 세계에 티끌 수만 있기에 곧 가히 말할 수 없는 세계라는 말이 만족하지 못한 것 같은 까닭으로 아래 낱낱 세계(영인본 화엄 4책, p.122, 10행에 此一一世界, 各有十佛刹云云)라고 한 큰 경문에 이르러 곧 이백일십 부처님의 세계에 티끌 수로써 두루 에워싼 바가 되어 양중의 에워싼 바(영인본 화엄 4책, p.123, 3행에 兩重主伴)가 있은 연후에 主·伴의 두 국토가 바야흐로 함께 가히 말할 수 없는 세계에 티끌 수라 한다 하니, 곧 총표와 결문에서 말한 바 가히 말할 수 없는 부처님의 세계에 티끌 수라 한다 한 것이 다 주와 반의 두 국토를 모두 다 거론한 것이요, 청량스님은 곧 총표와 별변과 그리고 모든 결문이 다 다만 에워싼 바 주主 국토만 잡은 것이니, 그러한즉 총표와 결문에 다 가히 말할 수 없는 세계에 티끌 수만치 많은 세계가 있다 하였거늘, 중간의 별변에 다만 열아홉 부처님의 세계에 티끌 수만 있다고 말한다면 곧 가히 말할 수 없는 세계에 티끌 수만치 많다는 세계를 이루지 못한 것 같다. 만약 또 횡으로 논한다면 곧 전전히 작은 티끌 수만치 많은 수의 국토가 있는 까닭으로 또한 가히 말할 수 없는 세계에 작은 티끌 수만치 많은 세계가 된다 하였으니, 이 아래에 자세히 현시하였거늘 지금 여기서는 간략하게 서술하여 사람들이 널리 알기를 요망하는 것이다. 이상은 다 『잡화기』의 말이다.

疏

第二는 所持世界라 於中三이니 初는 總擧大數요 次에 其最下方下는 別辯二十層大刹이요 後에 諸佛子下는 類結所餘라 初文可知라

제 두 번째는 주지하는 바 세계이다.
그 가운데 세 가지가 있나니
처음에는 큰 수를 한꺼번에 거론한 것이요
다음에 그 최고 하방이라고 한 아래는 이십층의 큰 세계를 따로 분별한 것이요
뒤에 모든 불자라고 한 아래는 나머지 세계를 비류하여 맺은 것이다.
처음에 문장은 가히 알 수가 있을 것이다.

經

其最下方에 有世界하니 名最勝光遍照라

그 최고 하방에 세계가 있나니
이름이 가장 수승한 광명이 두루 비추는 것입니다.

疏

第二에 別辯中에 準標及結인댄 皆有不可說刹塵이언만 其別辯中엔 但列十九佛刹塵數하야 爲二十重하고 其能遶刹도 但有二百一十佛刹塵數하니 下當會釋하리라 二十層은 卽分二十段하리니 最下層中에 文有七事하니 一은 擧名이라

제 두 번째 따로 분별하는 가운데 총표와 그리고 맺는[331] 것을 기준한다면 다 가히 말할 수 없는 세계에 티끌(不可說刹塵) 수만치 많은 세계가 있다는 말이 있어야 하건만은, 그 따로 분별하는 가운데는 다만 열아홉 부처님의 세계에 티끌 수만 열거하여[332] 이십중二十重을

331 맺는다고 한 것은 영인본 화엄 4책, p.115, 2행 경문이고 소문은 4행으로 제삼第三은 유결소여類結所餘라 한 것이다.

332 다만 열아홉 부처님의 세계에 티끌 수만 열거하였다고 한 등은, 강사가 말하기를 지금 경에 우선 이십중 중간에 뛰어넘은 바를 설한 까닭으로 다만 열아홉 부처님의 세계에 티끌 수가 있다고 하였을지언정 기실은 곧 그 제이십중 분상에 또 한 개의 부처님 세계가 있나니 합하면 이십중,

삼았고, 그 능히 에워싸는 세계도 다만 이백일십 부처님의 세계에 티끌 수만 있나니 아래에서 마땅히 회석하겠다.[333]

이십층을 곧 이십 단으로 분류하리니 최고 하층 가운데 문장이 칠사七事가 있나니
첫 번째는 이름을 거론한 것이다.

鈔

但有二百一十者는 第一層은 一佛刹塵數世界요 第二層은 二佛刹이니 一上加二爲三이요 第三層은 加三爲六이요 第四層은 加四爲十이요 第五層은 加五成十五요 第六層은 加六成二十一이요 第七層은 加七成二十八이요 第八層은 加八成三十六이요 第九層은 加九成四十五요 第十層은 加十爲五十五라 下十層에 有五十五하고 上十層에도 一一漸加算數하면 亦有五十五로대 而各有十하니 謂十一十二十三十四等이라 上十層에 更有一百하니 都有一百五十五하고 幷下十層에 五十五일새 故有二百一十矣니라 問이라 旣有二十層인댄 何以但云十九佛刹하야 爲主刹耶아 答이라 以最下一層에 但云一世界는

이십 부처님의 세계가 되지만 다만 이십일중만 없는 까닭으로 지금에 다만 이십중 중간에 뛰어넘은 바만 거론하여 열아홉 부처님의 세계가 있음을 밝힌 것이다 하였으니, 어리석은 나는 그렇지 않을까 염려하나니 초문에 이르러 마땅히 회석하겠다. 다 『잡화기』의 말이다.

333 아래에서 마땅히 회석하겠다고 한 것은 아래 영인본 화엄 4책, p.115, 4행 소문에 제삼第三은 유결소여類結所餘라 한 것이다.

非一佛刹塵數世界일새 故云從此一界로 去云此上에 過一佛刹微塵數世界라하야 至第二層이니 故二層에 共有一佛刹塵數刹耳니라 如竪二千錢하야 爲二十百하야 最下에 取一錢하면 如最下一刹이요 此上에 過一百하야 取一錢하야 爲第二層하면 方共一百耳요 此上에 過一百하야 至第三層하면 方是二百이요 乃至二十層하면 方有一千九百文耳니라 故二十層이 成十九佛刹하니 思之니라 下當會釋者는 卽第三에 會能繞所繞類結之中이라

다만 이백일십 부처님의 세계에 티끌 수가 있다고 한 것은
제일층은 일 불찰 미진수 세계요
제이층은 이 불찰 미진수 세계이니
일 불찰 위에 이 불찰을 더하여 삼 불찰이 되는 것이요
제삼층은 삼 불찰을 더하여 육 불찰이 되는 것이요
제사층은 사 불찰을 더하여 십 불찰이 되는 것이요
제오층은 오 불찰을 더하여 십오 불찰을 이루는 것이요
제육층은 육 불찰을 더하여 이십일 불찰을 이루는 것이요
제칠층은 칠 불찰을 더하여 이십팔 불찰을 이루는 것이요
제팔층은 팔 불찰을 더하여 삼십육 불찰을 이루는 것이요
제구층은 구 불찰을 더하여 사십오 불찰을 이루는 것이요
제십층은 십 불찰을 더하여 오십오 불찰을 이루는 것이다.
아래 십층에 오십오 불찰이 있고 위에 십층에도 낱낱이 계산할 수를 점점 더하여 가면 또한 오십오 불찰이 있으되 각각 십 불찰이 있나니

말하자면 십일·십이·십삼·십사 불찰 등이다.
위에 십층에 다시 일백 불찰이 있나니 모두 일백오십오 불찰이 있고 아래 십층에 오십오 불찰을 아우르기에 그런 까닭으로 이백일십 불찰이 있는 것이다.
묻겠다.
이미 이십층이 있었다면 무슨 까닭으로 다만 십구 불찰만 말하여 주찰主刹을 삼는가.
답하겠다.
최고 아래 일층에 다만 일세계라고만 말한 것은 일 불찰 미진수 세계가 아니기에 그런 까닭으로 말하기를 이 일세계로 좇아 이 위에 일 불찰 미진수 세계를 지난다[334] 말하여 제이층에 이르나니, 그런 까닭에 이층에 일 불찰 미진수 세계가 함께 있는 것이다. 마치 이천 전二千錢을 세워[335] 이십백二十百을 만드는 것과 같아서

---

334 이 위에 일 불찰 미진수 세계를 지난다고 한 등은 이 위에 일 불찰 미진수 세계를 지난다 말하지만 최하最下에 일중一重을 합하여 일 불찰 미진수 세계를 지난다 말하는 것이니 전유錢喩로 가히 밝히겠다. 전유는 바로 아래에 있다. 『잡화기』의 말도 이와 같다. 이 위에 일 불찰 운운한 것은 아래 영인본 화엄 4책, p.103, 3행 이하이다.

335 마치 이천 전二千錢을 세운다고 한 등은, 강사가 말하기를 이것은 곧 일중상一重上의 일 불찰을 갖추어 거론한 까닭으로 곧 이십중의 이십 불찰이 있고, 아래 별열別列에 이르러서는 다만 중간에 뛰어넘은 바(초과한 바)만 취한 까닭으로 이십층이 십구 불찰이 있나니, 비유의 뜻이 이와 같다 하니 경문이 혹 그런 것 같기도 하나 그러나 어리석은 나는 그 뜻을 따르지 않는다. 그 뜻이 만약 이와 같다면 그 묻는 뜻에 이미 층수가 이십층이 있다 말하였거늘

최고 아래에 일 전一錢을 취하면 최고 아래에 일 불찰과 같은 것이요
이 위에 일백을 지나서 일 전一錢을 취하여 제이층을 만들면 바야흐로 일백이 함께 있게 되는 것이요
이 위에 일백을 지나서 제삼층에 이르면 바야흐로 이백이 되는 것이요
이에 이십층에 이르면 바야흐로 일천구백 문文[336]이 되는 것이다.
그런 까닭으로 이십층이 십구 불찰을 이루나니
생각해 볼 것이다.

불찰은 어찌 십구 불찰만 말하는가. 곧 그 이치에 응당 그 뜻을 바로 답하여 말하기를 진실인즉 불찰도 또한 이십 불찰이지만 다만 중간에 뛰어넘은 바만 거론한 까닭으로 이 위에서는 십구 불찰이 있다 한 것이다. 만약 통틀어 거론하고자 한다면 곧 이십 불찰이 있어야 그 이치가 바야흐로 성립할 것이어늘, 지금에는 곧 불찰도 또한 이십 불찰이라는 말이 다 없고 다만 一味의 힘이 이십중이 있는 까닭만 밝혀 십구 불찰이 된다 한 것이니 그 뜻을 가히 볼 수 있겠다. 하물며 아래 모두 맺는 가운데(영인본 화엄 4책, p.115, 2행) 이미 가히 말할 수 없다는 불찰의 자체를 갖추어 설출하였다면 곧 마땅히 말하기를 바로 위에 모두 이십 불찰이 있고 그 옆에 낱낱이 수많은 불찰이 있는 까닭으로 가히 말할 수 없는 불찰이 있다고 하는 것이 합당하거늘, 저 소문과 더불어 초문이 다 다만 말하기를 바로 위에 십구 불찰만 있다고 하였다면 곧 가히 억지로 잡설하는 것을 용납하지 않는다는 것이다. 만약 반드시 뛰어넘은 바 불찰의 수만 취한다면 곧 마땅히 다만 일천구백 문文이라고 말해야 할 것이나 이십층을 이루기 위한 까닭으로 우선 이천 전을 모두 취한 것이니, 제이십층이 곧 제 일천구백의 일에 해당하는 까닭이다. 곧 알아라. 이천 전을 세워 이십백을 만든다고 한 말은 다만 이 총상으로 말한 것뿐이다. 이상은 다 『잡화기』의 말이다.

336 문文이란 엽전 문이니, 곧 전錢이다.

아래에서 마땅히 회석하겠다고 한 것은 곧 제 세 번째 능요能繞와 소요所繞[337]를 비류하여 맺는 가운데서 회석하겠다는 것이다.

337 능요能繞와 소요所繞라고 한 것은 능요세계能繞世界와 소요세계所繞世界이다.

經

以一切金剛莊嚴하야 光耀輪爲際하며

그곳은 일체 금강으로 장엄하여 광명이 비치는 바퀴로써 끝을 삼았으며

疏

二는 辯際니 謂世界所據之際가 如金剛際라

두 번째는 끝을 분별한 것이니
말하자면 세계가 의거한 바 끝이 마치 금강의 끝과 같다.

經

依衆寶摩尼華而住하며

수많은 보배 마니 꽃을 의지하여 안주하며

疏

三은 依住니 若準此名인댄 大同刹種의 所依蓮華라 而舊釋云호대 於前無邊香海의 所出華上에 更有此華하야 持此一界者는 以例上諸層에 別有依住일새 故爲此釋거니 何妨最下가 依於總華리요 思之니라

세 번째는 의주依住니
만약 이 이름을 기준한다면 찰종이 의지한 바 연화와 대동하다 하겠다.
그러나 구석舊釋에 말하기를 앞에 끝없는 향수해에서 출생한 바 연꽃 위에 다시 이 꽃이 있어서 이 한 세계를 주지한다고 한 것은 위에 모든 층에 따로 의지하여 머무는 것이 있음에 비례하였기에 그런 까닭으로 이 해석을 하였거니, 어찌 최고 하층이 총화總華를 의지함에 방해롭겠는가.
생각해 볼지니라.

經

其狀이 猶如摩尼寶形하며

그 형상이 비유하자면 마니보배의 형상과 같으며

疏

四에 形如摩尼者는 爲摩尼狀이 有於八楞하야 似方不方하며 似圓不圓일새 故異下八隅니라

네 번째 형상이 마니와 같다고 한 것은 마니의 형상이 팔모가 있어서 모난 것 같지만 모나지 아니하며, 둥근 것 같지만 둥글지 아니하기에 그런 까닭으로 아래[338]에 팔우八隅와는 다른 것이다.

---

338 아래라고 한 것은 영인본 화엄 4책, p.103, 8행이다.

經

一切寶華莊嚴雲이 彌覆其上하며

일체 보배 꽃으로 장엄한 구름이 그 위를 가득히 덮었으며

疏

五는 上覆라

다섯 번째는 그 위를 덮은 것이다.

經

佛刹微塵數世界가 周匝圍遶하야 種種安住하고 種種莊嚴하며

부처님의 국토에 작은 티끌 수만치 많은 세계가 두루 돌아 에워싸 가지가지로 안주하고 가지가지로 장엄하였으며

疏

六은 眷屬이라

여섯 번째는 권속 세계이다.

鈔

六에 眷屬者는 卽經中云호대 種種安布하고 種種莊嚴은 是辯眷屬刹相狀耳라

여섯 번째 권속 세계라고 한 것은 곧 경 가운데 말하기를 가지가지로 안포[339]하고 가지가지로 장엄하였다고 한 것은, 이것은 권속 세계의 모습을 분별한 것이다.

339 안포安布라고 한 것은 안주포열安住布列의 준말이다. 경문에는 안주安住라 하였다.

經

佛號는 淨眼離垢燈이라

부처님의 이름은 청정한 눈 때를 떠난 등불입니다.

疏

七은 本界佛名이니 離二障垢하야 智眼淸淨하야 照世如燈이라 然佛德無邊이나 各隨一義라 二層已去엔 或有八事하니 謂加去此遠近故요 或有九事하니 加純淨言故라 準此에 若無此言인댄 卽通染淨이라 此上眷屬은 漸加刹數니 中間諸事는 可以準知니라

일곱 번째는 근본 세계에 부처님의 이름이니
이장二障의 때를 떠나 지혜의 눈이 청정하여 세간을 비추는 것이 등불과 같은 것이다.
그러나 부처님의 공덕은 끝이 없지만 각각 한뜻만을 따를 뿐이다.
이층 이후에는 혹 팔사八事가 있기도 하나니
말하자면 여기서 가기가 멀기도 하고 가깝기도 하다[340]는 것을 더한

340 여기서 가기가 멀기도 하고 가깝기도 하다고 한 것은 이 위에 부처님의 국토에 작은 티끌 수만치 많은 세계를 지난다고 한 경문을 말한다. 이 아래 영인본 화엄 4책, p.126, 6행 소문에는 지금 제일해第一海의 이십중二十重 가운데 각각 칠사七事가 있으니 一은 서로 가기(서로의 거리)가 멀기도 하고 가깝기도 한 것이라 하였다.

까닭이요

혹 구사九事가 있기도 하나니

순전히 청정하다는 말을 더한 까닭이다.

이것을 기준함에 만약 이 말이 없다면 곧 더러운 세계와 깨끗한 세계에 통한다 할 것이다.

이 위에 권속 세계는 세계의 수를 점점 더하였으니

중간에 모든 사실(諸事)[341]은 가히 이것을 기준하면 알 수가 있을 것이다.[342]

---

341 모든 사실(諸事)이라고 한 것은 칠사七事 가운데 제 여섯 번째 권속세계를 제외한 육사六事이다. 『잡화기』는 중간에 모든 사실이라고 한 것은 곧 변제(영인본 화엄 4책, p.101, 3행) 등 육사라고 하였다.

342 가히 이것을 기준하면 알 수가 있을 것이라고 한 것은 각각의 소문을 배속하고자 하지 않는 까닭이다고 『잡화기』는 말한다.

經

此上에 過佛刹微塵數世界하야 有世界하니 名種種香蓮華妙莊嚴이라 以一切莊嚴具爲際하며 依寶蓮華網而住하며 其狀猶如師子之座하며 一切寶色珠帳雲이 彌覆其上하며 二佛刹微塵數世界가 周匝圍遶하며 佛號는 師子光勝照라

此上에 過佛刹微塵數世界하야 有世界하니 名一切寶莊嚴普照光이라 以香風輪爲際하며 依種種寶華瓔珞住하며 其形八隅며 妙光摩尼日輪雲而覆其上하며 三佛刹微塵數世界가 周匝圍遶하며 佛號는 淨光智勝幢이라

此上에 過佛刹微塵數世界하야 有世界하니 名種種光明華莊嚴이라 以一切寶王爲際하며 依衆色金剛尸羅幢海住하며 其狀猶如摩尼蓮華하며 以金剛摩尼寶光雲이 而覆其上하며 四佛刹微塵數世界가 周匝圍遶하며 純一淸淨하며 佛號는 金剛光明無量精進力善出現이라

此上에 過佛刹微塵數世界하야 有世界하니 名普放妙華光이라 以一切寶鈴莊嚴網爲際하며 依一切樹林莊嚴寶輪網海住하며 其形普方이나 而多有隅角하며 梵音摩尼王雲이 以覆其上하며 五佛刹微塵數世界가 周匝圍遶하며 佛號는 香光喜力海라

이 위에 부처님의 국토에 작은 티끌 수만치 많은 세계를 지나 세계가 있나니

이름이 가지가지 향기 연꽃으로 묘하게 장엄한 것입니다.
일체 장엄구로써 끝을 삼았으며
보배 연꽃 그물을 의지하여 안주하며
그 형상이 비유하자면 사자의 자리와 같으며
일체 보배 색깔 구슬 휘장의 구름이 그 위를 가득 덮었으며
두 부처님의 국토에 작은 티끌 수만치 많은 세계가 두루 돌아 에워쌌으며
부처님의 이름은 사자의 광명이 수승하게 비추는 것입니다.

이 위에 부처님의 국토에 작은 티끌 수만치 많은 세계를 지나 세계가 있나니
이름이 일체 보배 장엄이 널리 비추는 광명입니다.
향기 바람 바퀴로써 끝을 삼았으며
가지가지 보배 연꽃 영락을 의지하여 안주하며
그 형상이 팔우八隅이며
묘한 광명 마니 태양 바퀴의 구름이 그 위를 덮었으며
세 부처님의 국토에 작은 티끌 수만치 많은 세계가 두루 돌아 에워쌌으며
부처님의 이름은 청정한 광명의 지혜가 수승한 당기입니다.

이 위에 부처님의 국토에 작은 티끌 수만치 많은 세계를 지나 세계가 있나니
이름이 가지가지 광명의 꽃으로 장엄한 것입니다.

일체 보배왕으로써 끝을 삼았으며
수많은 색깔의 금강 시라 당기 바다를 의지하여 안주하며
그 형상이 비유하자면 마니 연꽃과 같으며
금강 마니보배 광명의 구름이 그 위를 덮었으며
네 부처님의 국토에 작은 티끌 수만치 많은 세계가 두루 돌아 에워쌌으며
순일하게 청정하며
부처님의 이름은 금강의 광명이 한량없는 정진의 힘으로 잘 출현하는 것입니다.

이 위에 부처님의 국토에 작은 티끌 수만치 많은 세계를 지나 세계가 있나니
이름이 널리 묘한 연꽃 광명을 놓는 것입니다.
일체 보배 요령 장엄 그물로써 끝을 삼았으며
일체 나무숲으로 장엄한 보배 바퀴 그물의 바다를 의지하여 안주하며
그 형상이 넓고 방정한 듯하지만 그러나 각이 많이 있으며
범천의 음성 가진 마니왕의 구름이 그 위를 덮었으며
다섯 부처님의 국토에 작은 티끌 수만치 많은 세계가 두루 돌아 에워쌌으며
부처님의 이름은 향기 광명 기쁨의 힘 바다입니다.

疏

五中에 云普方者는 都望卽方이나 而一面之中에 亦有多角隅라 隅卽是角이니 文體容爾니라

다섯 번째 가운데 말하기를 넓고 방정하다고 한 것은 도로시 바라봄에 곧 방정한 듯하지만 그러나 한 면 가운데 수많은 각이 있는 것이다.
우隅는 곧 각角이니 문체가 용납하는 것이 그러한 것이다.[343]

343 문체가 용납하는 것이 그러하다고 한 것은 우隅 자와 각角 자는 모서리라는 한 가지 뜻이지만 서로 용납하여 하나의 문장文章을 이룬다는 뜻이다. 이爾 자는 여시如是라는 의미이다. 『잡화기』는 문자 자체의 비례가 용납하는 것이 혹 이와 같다 하였다. 또 문체가 용이容易한 것이 그러한 것이라고도 해석할 수 있나니 그 뜻은 우隅 자와 각角 자가 같은 뜻이지만 문장 구성상 그렇게 하는 것이 사자四字 문장으로 용이하다는 것이다.

經

此上에 過佛刹微塵數世界하야 有世界하니 名淨妙光明이라 以寶王莊嚴幢爲際하며 依金剛宮殿海住하며 其形四方이며 摩尼輪髻帳雲이 而覆其上하며 六佛刹微塵數世界가 周匝圍遶하며 佛號는 普光自在幢이라

此上에 過佛刹微塵數世界하야 有世界하니 名衆華焰莊嚴이라 以種種華莊嚴爲際하며 依一切寶色焰海住하며 其狀猶如樓閣之形하며 一切寶色衣에 眞珠欄楯雲이 而覆其上하며 七佛刹微塵數世界가 周匝圍遶하며 純一淸淨하며 佛號는 歡喜海功德名稱自在光이라

此上에 過佛刹微塵數世界하야 有世界하니 名出生威力地라 以出一切聲하는 摩尼王莊嚴爲際하며 依種種寶色蓮華座의 虛空海住하며 其狀猶如因陀羅網하며 以無邊色華網雲이 而覆其上하며 八佛刹微塵數世界가 周匝圍遶하며 佛號는 廣大名稱智海幢이라

此上에 過佛刹微塵數世界하야 有世界하니 名出妙音聲이라 以心王摩尼莊嚴輪爲際하며 依恒出一切妙音聲하는 莊嚴雲摩尼王海住하며 其狀猶如梵天身形하며 無量寶莊嚴師子座雲이 而覆其上하며 九佛刹微塵數世界가 周匝圍遶하며 佛號는 淸淨月光明相無能摧伏이라

이 위에 부처님의 국토에 작은 티끌 수만치 많은 세계를 지나

세계가 있나니
이름이 청정하고 묘한 광명입니다.
보배왕으로 장엄한 당기로써 끝을 삼았으며
금강 궁전의 바다를 의지하여 안주하며
그 형상이 네모로 되었으며
마니 바퀴 상투 휘장의 구름이 그 위를 덮었으며
여섯 부처님의 국토에 작은 티끌 수만치 많은 세계가 두루 돌아 에워쌌으며
부처님의 이름은 넓은 광명이 자재한 당기입니다.

이 위에 부처님의 국토에 작은 티끌 수만치 많은 세계를 지나 세계가 있나니
이름이 수많은 연꽃 불로 장엄한 것입니다.
가지가지 연꽃 장엄으로써 끝을 삼았으며
일체 보배 색깔 불꽃의 바다를 의지하여 안주하며
그 형상이 비유하자면 누각의 형상과 같으며
일체 보배 색깔 옷에 진주 난간의 구름이 그 위를 덮었으며
일곱 부처님의 국토에 작은 티끌 수만치 많은 세계가 두루 돌아 에워쌌으며
순일하게 청정하며
부처님의 이름은 환희의 바다에 공덕의 명칭이 자재한 광명입니다.

이 위에 부처님의 국토에 작은 티끌 수만치 많은 세계를 지나

세계가 있나니
이름이 위신력을 출생하는 땅입니다.
일체 음성을 출생하는 마니왕의 장엄으로써 끝을 삼았으며
가지가지 보배 색깔 연꽃 자리 허공의 바다를 의지하여 안주하며
그 형상이 비유하자면 인다라 그물과 같으며
끝없는 색깔 꽃 그물의 구름이 그 위를 덮었으며
여덟 부처님의 세계에 작은 티끌 수만치 많은 세계가 두루 돌아 에워쌌으며
부처님의 이름은 광대한 명칭 지혜의 바다에 당기입니다.

이 위에 부처님의 국토에 작은 티끌 수만치 많은 세계를 지나
세계가 있나니
이름이 묘한 음성을 출생하는 것입니다.
심왕 마니로 장엄한 바퀴로써 끝을 삼았으며
항상 일체 묘한 음성을 출생하는 장엄구름 마니왕의 바다를 의지하여 안주하며
그 형상이 비유하자면 범천에 천신의 형상과 같으며
한량없는 보배로 장엄한 사자좌의 구름이 그 위를 덮었으며
아홉 부처님의 세계에 작은 티끌 수만치 많은 세계가 두루 돌아 에워쌌으며

부처님의 이름은 청정한 달빛 광명의 모습 능히 최복할 수 없는 것입니다.

經

此上에 過佛刹微塵數世界하야 有世界하니 名金剛幢이라 以無邊莊嚴한 眞珠藏寶瓔珞爲際하며 依一切莊嚴한 寶師子座摩尼海住하며 其狀周圓하며 十須彌山微塵數一切香摩尼華須彌雲이 彌覆其上하며 十佛刹微塵數世界가 周匝圍遶하며 純一淸淨하며 佛號는 一切法海最勝王이라

此上에 過佛刹微塵數世界하야 有世界하니 名恒出現帝靑寶光明이라 以極堅牢하야 不可壞金剛莊嚴爲際하며 依種種殊異華海住하며 其狀猶如半月之形하며 諸天寶帳雲이 而覆其上하며 十一佛刹微塵數世界가 周匝圍遶하며 佛號는 無量功德法이라

此上에 過佛刹微塵數世界하야 有世界하니 名光明照耀라 以普光莊嚴爲際하며 依華旋香水海住하며 狀如華旋하며 種種衣雲이 而覆其上하며 十二佛刹微塵數世界가 周匝圍遶하며 佛號는 超釋梵이라

此上에 過佛刹微塵數世界하야 至此世界하니 名娑婆라 以金剛莊嚴爲際하며 依種種色風輪으로 所持蓮華網住하며 狀如虛空하며 以普圓滿天宮殿에 莊嚴虛空雲이 而覆其上하며 十三佛刹微塵數世界가 周匝圍遶하며 其佛은 卽是毘盧遮那如來世尊이라

이 위에 부처님의 국토에 작은 티끌 수만치 많은 세계를 지나 세계가 있나니

이름이 금강 당기입니다.
끝없이 장엄한 진주 창고 보배 영락으로써 끝을 삼았으며
일체 장엄한 보배 사자좌 마니의 바다를 의지하여 안주하며
그 형상이 두루 원만하며
열 수미산 작은 티끌 수만치 많은 일체 향기 나는 마니 꽃 수미산의 구름이 그 위를 가득 덮었으며
열 부처님의 국토에 작은 티끌 수만치 많은 세계가 두루 돌아 에워쌌으며
순일하게 청정하며
부처님의 이름은 일체 진리의 바다에 가장 수승한 왕입니다.

이 위에 부처님의 국토에 작은 티끌 수만치 많은 세계를 지나 세계가 있나니
이름이 항상 검푸른 보배를 출현하는 광명입니다.
지극히 견고하여 가히 무너뜨릴 수 없는 금강의 장엄으로써 끝을 삼았으며
가지가지 수승하고 기이한 꽃의 바다를 의지하여 안주하며
그 형상이 비유하자면 반달의 형상과 같으며
모든 하늘에 보배 휘장의 구름이 그 위를 덮었으며
열한 부처님의 국토에 작은 티끌 수만치 많은 세계가 두루 돌아 에워쌌으며
부처님의 이름은 한량없는 공덕법입니다.

이 위에 부처님의 국토에 작은 티끌 수만치 많은 세계를 지나
세계가 있나니
이름이 광명이 비치는 것입니다.
넓은 광명의 장엄으로써 끝을 삼았으며
꽃이 돌아 있는 향수해를 의지하여 안주하며
형상이 연꽃이 돌아 있는 것과 같으며
가지가지 옷의 구름이 그 위를 덮었으며
열두 부처님의 국토에 작은 티끌 수만치 많은 세계가 두루 돌아
에워쌌으며
부처님의 이름은 제석과 범천을 초월한 것입니다.

이 위에 부처님의 국토에 작은 티끌 수만치 많은 세계를 지나
이 세계에 이르나니
이름이 사바입니다.
금강의 장엄으로써 끝을 삼았으며
가지가지 색깔의 풍륜으로 주지하는 바 연꽃의 그물을 의지하여
안주하며
형상이 허공과 같으며
넓고 원만한 하늘 궁전에 장엄한 허공의 구름이 그 위를 덮었으며
열세 부처님의 국토에 작은 티끌 수만치 많은 세계가 두루 돌아
에워쌌으며
그 부처님의 이름은 곧 이 비로자나 여래 세존입니다.[344]

疏

其第十三層主刹은 卽此娑婆라 言形如虛空者는 靜法云호대 大小乘經에 並說虛空은 體無形質하야 不可見相이라하얏거늘 今云有形者는 迴文者誤라 梵本云호대 三曼多(周圓)第縛皤嚩曩(天宮)伽伽那(虛空)阿楞迦羅(莊嚴蓋覆)僧塞怛那(形狀)라하니 迴文인댄 應以形狀을 置周圓之前하고 虛空을 安天宮之上한 然後에 合綴飾云호대 其形周圓하며 以空居天宮에 莊嚴之具가 而覆其上이라하니 靜法此正이 深有理致니라 今依經通之라도 亦有理在니 謂空雖無形이나 隨俗說故로 以俗典에 指空爲天이요 指天爲圓穹이며 其形如鼇일새 故說天勢가 圍平野라하니라 亦如法華云호대 梵王이 爲衆生之父도 亦隨俗說耳니라

그 제십삼층에 주主세계는 곧 이 사바세계이다.
형상이 허공과 같다고 말한 것은 정법 법사[345]가 말하기를 대승과

344 경문에 그 부처님은 곧 여기 비로자나라 한 등은, 묻겠다. 이미 화장찰해가 모두 이 본사 비로자나불이 장엄하여 청정케 한 바이어늘 지금에는 어찌하여 이제 십삼층으로 비로자나불의 머무시는 바를 삼는가. 답하겠다. 화장찰해가 이미 다 비로자나불의 장엄하신 바이기에 곧 어떤 찰해의 부처님을 따라 교화를 받을지라도 다 본사 비로자나불의 교화한 바인 까닭이다. 묻겠다. 만약 그렇다면 다른 불찰은 어찌하여 이름이 다르거늘 유독 여기만 그 모습이 같다 하는가. 답하겠다. 이 사바세계가 근본 불찰이 됨을 밝히고자 한 까닭이니 부처님이 지금 마갈타국에서 성도하신 까닭이다. 이상은 다 『잡화기』의 말이다.

소승경에 아울러 허공은 자체가 형질이 없어서 가히 그 모습을 볼 수 없다 말하였거늘, 지금에 말하기를 형상이 있다고 한 것은 회문回文한 사람의 착오이다.

범본에 말하기를 삼만다(周圓), 제박파박낭(天宮), 가가나(虛空), 아릉가라(莊嚴蓋覆), 승색달라(形狀)라 하였으니

회문回文한다면 응당 형상[346]을 주원 앞에 두고 허공을 천궁 위에 둔 연후에 합하고 이어[347] 꾸며서 말하기를 그 형상이 두루 원만하며 공거천궁에 장엄구가 그 위를 덮었다 하였으니

정법 법사[348]가 여기에 시정한 것이 심히 이치가 있다 하겠다.

지금에 경을 의지하여 통석할지라도 또한 이치가 있나니

말하자면 허공이 비록 형상이 없지만 세속을 따라 말하는 까닭으로 속전俗典에 허공을 가리켜 하늘이라 하고, 하늘을 가리켜 둥근 활[349] 모양이라 하며, 그 형상이 솥뚜껑[350]과 같기에 그런 까닭으로 말하기를 하늘의 형세가 평야를 에워싼다 하였다.

또 『법화경』에 말하기를 대범천왕이 중생의 아버지가 된다고 한 것과 같은 것도 또한 세속을 따라 설한 것일 뿐이다.

---

345 정법 법사는 정법사 혜원慧苑스님이다.

346 응당 형상 운운한 것은 응당 형상주원形狀周圓하며 허공천궁虛空天宮에 장엄莊嚴이 개부기상蓋覆其上이라 해야 한다는 것이다.

347 綴은 이을 철 자이다.

348 정법 법사 운운은 정법 법사의 이 시정是正은 심히 이치가 있다고 해석해도 무방하다.

349 穹은 활 모양 궁 자이다.

350 鏊는 번철 오 자이니 곧 솥뚜껑을 말한다.

鈔

指天爲圓穹者는 外典說天호대 或謂有形일새 故云天形穹隆이라하고 其形如鼇일새 故天圓地方이라하니라 若莊子云인댄 天者自然也라하니 則無形質이라 如法華云호대 梵王이 爲衆生之父者는 卽第六經의 藥王本事品中云호대 譬如大梵天王이 爲一切衆生之父인달하야 此經도 亦復如是하야 爲一切衆生之父라하니 以梵王이 劫初時生하고 後有諸天下降할재 梵王凡天이 皆悉妄計하야 梵王爲父라하니 諸經論에 皆破爲非하야 是外道計어니와 今法華經에 如來自引하야 以譬法華는 豈佛이 不知是父爲妄이리요마는 故是世尊이 隨俗說耳니라 今亦隨俗하야 說天有形인달 於理何違리요 然今疏意는 非是不許靜法之見이라 但已著在經일새 小有可通이면 卽爲會釋하고 不欲使人으로 輕毁聖教耳니라

하늘을 가리켜[351] 둥근 활 모양이라 한다고 한 것은 외전外典에 하늘을 말하되 혹은 형상이 있다고 말하기에 그런 까닭으로 말하기를 하늘의 형상이 활 모양으로 가운데가 높다 하고, 그 형상이 솥뚜껑과 같기에 그런 까닭으로 하늘은 둥글고 땅은 모나다 하였다.
만약 장자가 말한 것이라면 하늘은 자연이라 한다 하였으니 곧 형질이 없는 것이다.

『법화경』에 말하기를 대범천왕이 중생의 아버지가 된다고 한 것과

351 위謂 자는 소문에 지指 자이기에 고친다.

같다고 한 것은 곧 제육경 약왕보살본사품 가운데 말하기를 비유하자면 대범천왕이 일체중생의 아버지가 되는 것과 같아서 이 경전도 또한 다시 이와 같아서 일체중생의 아버지가 된다 하였으니, 대범천왕이[352] 겁초劫初에 태어나 하강하고 그 뒤에 모든 하늘이 하강하려 함이 있을 즈음 팔범천왕八梵天王[353]과 나머지 평범한 하늘

---

352 대범천왕이라고 한 등은, 강사가 말하기를 처음에 범왕이라고 말한 것은 곧 대범천왕이고 다음에 모든 하늘이라고 말한 것은 곧 팔범천자子와 더불어 욕계와 모든 하늘이고, 다음에 범왕梵王과 범천凡天이라고 말한 것은 곧 위에 모든 하늘을 열어서 말한 바이니 범왕梵王은 곧 팔범천자이고, 범왕凡王은 곧 욕계의 하늘이다. 바로 뒤에 범왕梵王이라고 말한 것은 곧 대범천왕이니 대개 대범천왕이 겁초에 태어남이 있고 그 다음에 팔범천왕과 그리고 욕계의 여타하늘이 차례로 뒤에 이루어짐이 있는 까닭으로 팔범천왕과 더불어 여타의 욕계하늘(凡王)이 다 허망하게 계교하여 대범천왕이 아버지가 된다고 하나니, 초생'하고' 제천'이' 하강'할재' 범왕'과' 제천'이' 吐라 하였다.
그러나 어리석은 내가 그 문장을 안찰하니 위에서 말한(영인본 화엄 4책, p.110, 4행과 3행) 세 번의 범왕이라 한 것은 이치가 응당 이 하나이고, 모든 하늘과 나머지 범왕(凡王, 평범한 하늘)이라 한 것은 말은 다르지만 뜻은 같나니, 말하자면 겁초에 대범천왕이 먼저 태어남이 있고 뒤에 팔천자가 범왕천으로부터 하강하기에 그 팔천자가 다 대범천왕으로 아버지를 삼는 것이다. 그러한즉 저 경에는 먼 것(일체중생)이 가까운 것(팔천자)을 섭수하였거늘, 지금 초문에는 가까운 것을 들어 먼 것을 섭수한 것이다. 하물며 『회현기』에 다만 팔천자만 말하고 일찍이 팔범천왕은 말하지 아니한 것이겠는가. 홍자권洪字卷 61장과 『회현기』 35권 24장을 볼 것이다. 이상은 다 『잡화기』의 말이다.
범천왕은 초선천의 주인으로 겁초劫初에 광음천光音天에서 이 초선천에 하강하여 만물을 만들었다 한다.

이 다 허망하게 계교하여 대범천왕이 아버지가 된다 하니, 모든 경론에 다 잘못되었다고 파하여 이것은 외도들의 계교라 하였거니와 지금 『법화경』에서 여래가 스스로 이끌어 『법화경』에 비유하신 것은 어찌 부처님이 이 아버지가 된다 한 것이 허망하게 계교함이 되는 줄 알지 못하리요마는 짐짓 이것은 세존께서 세속을 따라 설한 것일 뿐이다.

지금에 또한 세속을 따라 하늘이 형상이 있다고 설한들 이치에 어찌 어긋나겠는가.

그러나 지금에 소가의 뜻은 정법사靜法師의 소견을 허락하지 않는 것이 아니라, 다만 이미 경에 나타나 있기에 조금이라도 가히 통하는 것이 있으면 곧 회석하고 사람으로 하여금 성인의 가르침을 가벼이 여기거나 훼손하지 않게 하고자 한 것일 뿐이다.

---

353 원문에 범천梵天과 범천凡天이라고 한 등은 팔범천八梵天(梵天)과 그리고 욕계의 모든 하늘(凡天)이 차례로 뒤에 생성하는 까닭으로 팔범천왕과 나머지 범천凡天이 다 허망하게 계교하여 대범천왕이 아버지가 된다고 하는 까닭이다.

經

此上에 過佛刹微塵數世界하야 有世界하니 名寂靜離塵光이라 以一切寶莊嚴爲際하며 依種種寶衣海住하며 其狀猶如執金剛形하며 無邊色金剛雲이 而覆其上하며 十四佛刹微塵數世界가 周匝圍遶하며 佛號는 遍法界勝音이라

此上에 過佛刹微塵數世界하야 有世界하니 名衆妙光明燈이라 以一切莊嚴帳爲際하며 依淨華網海住하며 其狀猶如卐字之形하며 摩尼樹香水海雲이 而覆其上하며 十五佛刹微塵數世界가 周匝圍遶하며 純一淸淨하며 佛號는 不可摧伏力普照幢이라

이 위에 부처님의 국토에 작은 티끌 수만치 많은 세계를 지나
세계가 있나니
이름이 적정하여 티끌을 떠난 광명입니다.
일체 보배 장엄으로써 끝을 삼았으며
가지가지 보배 옷의 바다를 의지하여 안주하며
그 형상이 비유하자면 집금강의 형상과 같으며
끝없는 색깔에 금강의 구름이 그 위를 덮었으며
열 네 부처님의 세계에 작은 티끌 수만치 많은 세계가 두루 돌아
에워쌌으며
부처님의 이름은 법계에 두루한 수승한 음성입니다.

이 위에 부처님의 세계에 작은 티끌 수만치 많은 세계를 지나

세계가 있나니

이름이 수많은 묘한 광명의 등불입니다.

일체 장엄의 휘장으로써 끝을 삼았으며

청정한 꽃 그물 바다를 의지하여 안주하며

그 형상이 비유하자면 만자의 형상과 같으며

마니 나무에 향수해의 구름이 그 위를 덮었으며

열다섯 부처님의 세계에 작은 티끌 수만치 많은 세계가 두루 돌아 에워쌌으며

순일하게 청정하며

부처님의 이름은 가히 꺾어 항복할 수 없는 힘으로 널리 비추는 당기입니다.

疏

第十五云호대 形如卍字者는 靜法云호대 室離靺瑳는 本非是字요 乃是德者之相이라 正云吉祥海雲이니 衆德深廣如海하고 益物如雲거늘 古來三藏이 誤譯洛剎曩하야 爲惡剎攞라하야 遂以相爲字일새 故爲謬耳라하니라 然此相이 以爲吉祥萬德之所集成일새 因目爲萬이니 意在語略이나 而義含인댄 合云萬相耳리라 餘並易了니라

제 열 다섯 번째에 말하기를 형상이 만자卍字와 같다고 한 것은 정법사가 말하기를 실리매차는 본래 이 글자가 아니고 이에 이

공덕의 모습이다.

바로 말하면 길상의 바다에 구름(吉祥海雲)이니,

수많은 공덕이 깊고도 넓은 것이 바다와 같고 중생을 이익케 하는 것이 구름과 같다는 것이어늘 고래로 삼장이 낙찰낭을 잘못 번역하여 악찰라라 하여 드디어 모습(相)으로써 글자를 삼았기에 그런 까닭으로 오류를 범하게 되었다 하였다.

그러나 이 모습이 길상만덕으로써 모아 이룬 바이기에 그로 인하여 명목을 만萬[354]이라 하였나니,

그 뜻이 말은 간략하지만 많은 뜻을 포함하고 있다면 합당히 말하기를 만상萬相이라 해야 할 것이다.

나머지는 아울러 쉽게 알 수가 있을 것이다.

鈔

誤譯洛刹曩者는 洛刹曩은 此云相也요 惡刹攞는 此云字也니 聲勢相近일새 故使有誤니라 梵本에 是室利跊蹉洛刹曩은 合云吉祥海雲相也리라 然此相下는 疏出古德이 以吉祥海雲으로 爲萬所由라 合云萬相者는 卽結成靜法正義니 縱汝吉祥海雲爲萬이라도 合言萬相이요 不合云萬字니라

낙찰낭을 잘못 번역하였다고 한 것은 낙찰낭은 여기서 말하면 모습(相)이요,

354 만萬이란, 卍의 의미를 부여한다 하겠다.

악찰라는 여기서 말하면 글자(字)이니
성세聲勢가 서로 근접하기에 그런 까닭으로 하여금 오류가 있게 되었다 하겠다.
범본에 실리매차 낙찰낭이라 한 것은 합당히 말한다면 길상의 바다에 구름의 모습(吉祥海雲相)이라 해야 할 것이다.

그러나 이 모습이라고 한 아래는 소가疏家가 고덕[355]이 길상의 바다에 구름으로써 만萬을 삼는 이유를 설출한 것이다.

합당히 말하기를 만상이라 해야 할 것이라고 한 것은 곧 정법사의 바른 뜻을 맺어 성립한 것이니
비록 저[356]가 길상의 바다에 구름으로 만萬을 삼을지라도 합당히 만상이라 말해야 할 것이요, 만자萬字라고 말하는 것은 합당하지 않는 것이다.

---

355 고덕古德은 당삼장이다. 『잡화기』는 여기 고덕과 다음 줄에 縱汝라 한 汝는 다 당삼장을 가리킨다 하였다.

356 저란, 당삼장을 말한다.

經

此上에 過佛刹微塵數世界하야 有世界하니 名淸淨光遍照라 以無盡寶雲摩尼王爲際하며 依種種香焰蓮華海住하며 其狀猶如龜甲之形하며 圓光摩尼輪栴檀雲이 而覆其上하며 十六佛刹微塵數世界가 周匝圍遶하며 佛號는 淸淨日功德眼이라

此上에 過佛刹微塵數世界하야 有世界하니 名寶莊嚴藏이라 以一切衆生形摩尼王爲際하며 依光明藏摩尼王海住하며 其形八隅며 以一切輪圍山에 寶莊嚴華樹網이 彌覆其上하며 十七佛刹微塵數世界가 周匝圍遶하며 佛號는 無礙智光明遍照十方이라

此上에 過佛刹微塵數世界하야 有世界하니 名離塵이라 以一切殊妙相莊嚴爲際하며 依衆妙華師子座海住하며 狀如珠瓔하며 以一切寶香摩尼王圓光雲이 而覆其上하며 十八佛刹微塵數世界가 周匝圍遶하며 純一淸淨하며 佛號는 無量方便最勝幢이라

此上에 過佛刹微塵數世界하야 有世界하니 名淸淨光普照라 以出無盡寶雲하는 摩尼王爲際하며 依無量色香焰須彌山海住하며 其狀猶如寶華旋布하며 以無邊色光明摩尼王帝靑雲이 而覆其上하며 十九佛刹微塵數世界가 周匝圍遶하며 佛號는 普照法界虛空光이라

此上에 過佛刹微塵數世界하야 有世界하니 名妙寶焰이라 以普光明日月寶爲際하며 依一切諸天形摩尼王海住하며 其狀猶如寶莊嚴具하며 以一切寶衣幢雲과 及摩尼燈藏網이 而覆其上하

며 二十佛刹微塵數世界가 周匝圍遶하며 純一淸淨하며 佛號는 福德相光明이라

諸佛子야 此遍照十方하는 熾然寶光明世界種에 有如是等不可說佛刹微塵數廣大世界호대

이 위에 부처님의 국토에 작은 티끌 수만치 많은 세계를 지나 세계가 있나니
이름이 청정한 광명이 두루 비추는 것입니다.
끝없는 보배 구름 마니왕으로써 끝을 삼았으며
가지가지 향기 불꽃 연꽃의 바다를 의지하여 안주하며
그 형상이 비유하자면 거북이 등의 형상과 같으며
둥근 광명에 마니 바퀴 전단의 구름이 그 위를 덮었으며
열여섯 부처님의 국토에 작은 티끌 수만치 많은 세계가 두루 돌아 에워쌌으며
부처님의 이름은 청정한 눈[357] 공덕의 눈동자입니다.

이 위에 부처님의 국토에 작은 티끌 수만치 많은 세계를 지나서 세계가 있나니
이름이 보배 장엄 창고입니다.
일체중생의 형상인 마니왕으로써 끝을 삼았으며
광명의 창고인 마니왕의 바다를 의지하여 안주하며

---

357 목目 자를 일日 자로 본 곳도 있으나 목目 자가 좋다.

그 형상이 팔모이며
일체 윤위산에 보배로 장엄한 꽃나무 그물이 그 위를 가득[358] 덮었으며
열일곱 부처님의 국토에 작은 티끌 수만치 많은 세계가 두루 돌아 에워쌌으며
부처님의 이름은 걸림 없는 지혜의 광명이 시방을 두루 비추는 것입니다.

이 위에 부처님의 국토에 작은 티끌 수만치 많은 세계를 지나 세계가 있나니
이름이 티끌을 떠난 것입니다.
일체 수승하고 묘한 모습의 장엄으로써 끝을 삼았으며
수많은 묘한 사자좌의 바다를 의지하여 안주하며
그 형상이 진주 영락과 같으며
일체 보배 향기 마니왕 둥근 광명의 구름이 그 위를 덮었으며
열여덟 부처님의 국토에 작은 티끌 수만치 많은 세계가 두루 돌아 에워쌌으며
순일하게 청정하며
부처님의 이름은 한량없는 방편의 최고로 수승한 당기입니다.

이 위에 부처님의 국토에 작은 티끌 수만치 많은 세계를 지나

358 미彌는 앞에도 뒤에도 다분히 이而 자이나 가끔 미彌 자를 쓰기도 하였다.

세계가 있나니
이름이 청정한 광명이 널리 비추는 것입니다.
끝없는 보배 구름을 출생하는 마니왕으로써 끝을 삼았으며
한량없는 색깔에 향기 나는 불꽃 수미산의 바다를 의지하여 안주하며
그 형상이 비유하자면 보배 꽃이 돌아 펼쳐진 것과 같으며
끝없는 색깔의 광명 지닌 마니왕 검푸른 구름이 그 위를 덮었으며
열아홉 부처님의 국토에 작은 티끌 수만치 많은 세계가 두루 돌아 에워쌌으며
부처님의 이름은 널리 법계 허공을 비추는 광명입니다.

이 위에 부처님의 국토에 작은 티끌 수만치 많은 세계를 지나 세계가 있나니
이름이 묘한 보배 불꽃입니다.
넓은 광명인 일월日月의 보배로써 끝을 삼았으며
일체 모든 하늘의 형상인 마니왕의 바다를 의지하여 안주하며
그 형상이 비유하자면 보배 장엄구와 같으며
일체 보배 의복 당기 구름과 그리고 마니 등 창고 그물이 그 위를 덮었으며
스물 부처님의 국토에 작은 티끌 수만치 많은 세계가 두루 돌아 에워쌌으며
순일하게 청정하며
부처님의 이름은 복덕의 모습에 광명입니다.

모든 불자여, 이 시방을 두루 비추는 치연한 보배 광명의 세계종에 이와 같은 등 가히 말할 수 없는 부처님의 국토에 작은 티끌 수만치 많은 광대한 세계가 있으되

疏

第三은 類結所餘라 此中엔 非唯結數라 兼總顯上文의 所依住等이니 文分爲四리라 一은 總結都數요 二에 各各所依下는 結形類이요 三에 此一一下는 結眷屬이요 四에 如是所說下는 彰其所在라 今初는 卽擧本刹種하야 結有若干이니 此所結刹은 定是主刹이니 以下文에 指此不可說佛刹이 更有兩重繞故니라 其直上中間에 但有十九佛刹거늘 而結有不可說者는 以旁論故니라 不爾인댄 豈一刹種最下에 唯一主刹이리요 故知如向所說主刹은 橫竪共論하야 有不可說이라 故로 下結其所在云호대 及在香水河中이라하니 思之니라

제 세 번째는 비류하여 나머지 세계를 맺는 것이다.
이 가운데는 오직 세계의 수만 맺는 것이 아니라 겸하여 상문上文[359]에 의주依住하는 바 등도 모두 나타낸 것이니
문장을 나누어 네 가지로 하겠다.
첫 번째는 세계의 모든 수를 다 맺는 것이요

359 상문上文이라고 한 것은 영인본 화엄 4책, p.73에 의주依住, 형상形狀, 체성體性 등이라 한 것이다.

두 번째 각각 의주[360]하는 바라고 한 아래는 세계의 형류를 맺는 것이요
세 번째 이 낱낱 세계[361]라고 한 아래는 권속 세계를 맺는 것이요
네 번째 이와 같이[362] 설한 바 일체 세계라고 한 아래는 그 세계가 있는 곳을 밝힌 것이다.

지금은 처음으로 곧 근본 찰종을 들어 약간의 세계가 있음을 맺는 것이니
여기에서 맺는 바 세계는 결정코 이 주主세계이니
하문下文[363]에 이 불가설 부처님의 국토가 다시 양중兩重으로 에워싸고 있다고 가리킨 까닭이다.
그 바로 위와 중간에 다만 열아홉 불찰만 있었거늘 불가설 세계가 있다고 맺은 것은 널리 논한[364] 까닭이다.

---

360 두 번째 각각 의주라고 한 것은 영인본 화엄 4책, p.120, 3행에 각각 의주하는 바와 각각 형상이라고 한 등이다.

361 세 번째 이 낱낱 세계라고 한 것은 영인본 화엄 4책, p.122 말행에 이 낱낱 세계가 각각 십불찰 운운이라 한 것이다.

362 네 번째 이와 같이 운운한 것은 영인본 화엄 4책, p.124, 7행에 있다.

363 하문下文이란, 영인본 화엄 4책, p.123, 3행에 양중주반兩重主伴이 있다 하였다.

364 원문에 방론旁論이라고 한 것은 그 방旁 자는 두루 방 자(널리)이다. 그러나 『잡화기』에 방론은 오히려 횡론橫論이라 말할 것이니 만약 다만 수竪로만 논한다면 십구十九불찰이 있음에 그칠 것이지만 횡橫으로써 논한다면 곧 수많은 불찰이 있어 에워싸는 까닭으로 횡·수가 함께 불가설이 되는 것이다

그렇지 않다면 어찌 한 찰종의 최고 아래에 오직 한 주主세계뿐이겠는가.
그런 까닭으로 향래에 설한 바와 같은 주主세계는 횡橫과 수竪로 함께 논하여 불가설의 세계가 있다고 한 것인 줄 알아야 할 것이다.
그런 까닭으로 아래[365]에 그 세계가 있는 곳을 맺어 말하기를 향수해와 그리고 향수하에 있다 하였으니
생각하여 볼 것이다.

鈔

此所結刹者는 以昔人云호대 經言此一一世界者는 此上의 二百一十佛刹塵數之刹耳요 非此上의 不可說佛刹塵數之刹也니 以二百一十塵數刹이 爲所繞하야 兩重繞竟하야사 方有不可說耳리라 故立理云호대 若不將此하야 以會大數인댄 一은 卽此刹種中에만 非唯有不可說刹塵數의 廣大世界요 二는 卽三處說數가 相違라하니라 釋曰 此公意云호대 若所繞가 已有不可說佛刹塵數하고 更加兩重繞刹인댄 則有衆多不可說佛刹塵數刹也니라

여기에서 맺은 바 세계라고 한 것은 옛날 사람이[366] 말하기를 경에서

고 하였다.

365 아래라고 한 것은 영인본 화엄 4책, p.124, 7행이다.

366 옛날 사람이라고 한 등은 이 가운데 옛날 사람(원공스님)의 말을 깨뜨리고 지금 사람(청량스님)의 뜻을 편 것이 문장의 뜻을 매우 잘 나타내었다. 다시 가히 기록할 것이 없기에 지금에 다만 그 비난한 바만 통석하였다. 역시

이 낱낱 세계라고 말한 것은 이 위에 이백일십 불찰 미진수 세계요, 이 위에 불가설 불찰 미진수 세계가 아니니 이백일십 불찰 미진수 세계가 에워싼 바가 되어 양중으로 에워싸 마쳐야 바야흐로 불가설 세계가 있게 될 것이다.

그런 까닭으로 이치를 세워 말하기를 만약 이것을 가져 대수大數[367]를 회석하지 않는다면 첫 번째는 곧 이 찰종 가운데서만 오직 불가설 불찰 미진수의 광대한 세계가 있다고 하지 말아야 할 것이요 두 번째는 곧 세 곳에서 설한 수數가 서로 어긴다 하였다.

해석하여 말하면 이 원공 법사[368]의 뜻에 말하기를 만약 에워싼 바가 이미 불가설 불찰 미진수 세계가 있고 다시 양중으로 에워싼 세계를 더하면 곧 수많은 불가설 불찰 미진수 세계가 있어야 할 것이라는 것이다.

言三處說數가 相違者는 一은 是標中에 有不可說이요 二는 中間에 說但有二百一十이요 三은 是結文에 兩重能繞니 初는 則有不可說이요 後는 則有無量不可說이요 中間은 則不滿不可說일새 故相違也라 하니라 此釋이 亦似有理나 而經에 此一一言이 遠承於前二百一十인댄 殊已隔越이라 文中旣云호대 如是有可不說佛刹微塵數佛刹이라 하고 卽云此一一世界에 各有十佛刹微塵數廣大世界가 周匝圍繞

『잡화기』의 말이다.

367 이것이란 양중위요兩重圍繞이고, 대수大數란 불가설不可說이다. 『잡화기』도 그 뜻이 이와 같다.

368 원문에 차공此公이란, 정법사靜法寺의 원공苑公이다.

라하니 明知하라 合繞前에 不可說也니라 又以二百一十으로 爲所繞者인댄 前中間說刹이 但超間하야 明有二百一十이라 望其文意인댄 直上十九佛刹塵數之刹이 一一各有衆多佛刹圍繞하니 應有不可說不可說也리라 何者고 且如最下一刹이 已有一佛刹에 微塵數佛刹圍繞하야 向上過一佛刹微塵數世界하야 方至第二層一刹하야 有二佛刹微塵數世界가 圍繞하니 此第一層에 向上至第二層히 中間諸刹이 何以無繞리요 刹無繞則刹網不成이니 故知하라 直上一佛刹塵數之刹이 一一皆應有繞나 不能具說일새 故有超過하야 擧二十重耳니라 旣最下層一刹이 有一佛刹塵數刹繞일새 此上에 次第二刹이 更加一刹하야 爲能繞하고 第三도 亦加一刹하야 如是漸上至百하고 加百至千하고 加千至萬하고 加萬至萬佛刹塵數하며 到第二層하야 還加一佛刹微塵數刹하야 爲能繞일새 故有二佛刹塵數刹繞하니 如是乃至第二十層도 亦復如是하야 一一漸增일새 故但直上에 至一佛刹塵數世界하면 幷其能繞가 已有衆多佛刹塵數箇의 佛刹微塵數世界라 不可知數일새 且就一期之數하야 云不可說耳니 明知所繞가 定是主刹이라 若爾인댄 云何不與標文으로 相違리요 標文但云호대 一刹種에 有不可說佛刹微塵數世界故니 旣加兩重能繞인댄 多多故니라 答이라 此有二意하니 一에 言不可說者는 就主標耳요 二者에 其兩重能繞는 並不出不可說刹塵刹中이라 何者고 觀其文意인댄 但是諸刹이 互爲主伴하야 爲相繞耳니 如百人共聚하야 一人爲主에 則九十九人이 繞之하고 餘九十九人이 一一爲主時에 皆得九十九人이 繞之니라 若不爾者인댄 最下一刹이 已有一佛刹塵數世界가 圍繞하고 此能繞刹이 更有兩重能繞일새 已有不可說不可說刹塵數刹也

니 思之니라 明知하라 互爲主伴이나 則本數不增하니라

세 곳에서 설한 수가 서로 어긴다고 말한 것은 첫 번째는 이 총표 가운데 불가설 세계가 있다고 한 것이요
두 번째는 중간[369]에 다만 이백일십 세계가 있다고 설한 것이요
세 번째는 이 맺는 문장(結文)에 양중으로 능히 에워쌌다고 한 것이니
처음에는 곧 불가설 세계가 있고, 뒤에는 곧 한량없는 불가설 세계가 있고, 중간에는 곧 불가설 세계가 만족하지 않았기에 그런 까닭으로 서로 어긴다 하였다.
이 해석이 또한 일리가 있는 것 같지만, 그러나 경에[370] 이 낱낱 세계라는 말이 멀리 앞에 이백일십 세계를 잇는다고 본다면 자못[371] 이미 멀리 동떨어졌다 할 것이다.
경문 가운데 이미 말하기를 이와 같이 불가설 불찰 미진수 불찰이 있다 하고, 곧 말하기를 이 낱낱 세계에 각각 십불찰 미진수의 광대한 세계가 두루 돌아 에워싸고 있다 하였으니,
분명히 알아라.
에워싸기 전에 불가설 세계라 하는 것이 합당하다.
또 이백일십 세계로써 에워싼 바를 삼았다면 앞과 중간에 설한 세계가 다만 간격을 뛰어넘어 이백일십 세계가 있다고 밝힌 것일

369 중간이라고 한 것은 별석別釋이니 초표初標와 후결後結의 중간에 있는 까닭이다. 역시 『잡화기』의 말이다.

370 경에 운운은 영인본 화엄 4책, p.122 말행이다.

371 자못이란, 생각보다 훨씬이라는 뜻이다.

뿐이다.

그 경문의 뜻을 바라본다면 바로 위에 열아홉 불찰 미진수 세계가 낱낱이 각각 수많은 불찰이 에워싸고 있나니

응당히 불가설 불가설[372] 세계가 있어야 할 것이다.

무엇 때문인가.

또한 최고 아래에 한 세계가 이미 일 불찰에 미진수 불찰이 에워싸고 있는 것과 같아서 위로 향하여 일 불찰 미진수 세계를 지나 바야흐로 제이층에 한 세계에 이르러 이二 불찰 미진수 세계가 에워싸고 있나니,

이 제일층에서 위로 향하여 제이층에 이르기까지 중간에 모든 세계가 어찌 에워쌈이 없겠는가.

세계가 에워쌈이 없다면 곧 세계의 그물(刹綱)을 이룰 수 없을 것이니 그런 까닭으로 알아라.

바로 위에 일 불찰 미진수 세계가 낱낱이 다 응당 에워쌈이 있어야 할 것이지만, 능히 갖추어 설하지 아니하였기에 그런 까닭으로 초과하여 이십중二十重 세계를 거론함이 있게 된 것이다.

이미 최고 아래층에 한 세계가 일 불찰 미진수 세계가 에워싸고

---

372 불가설 불가설이라고 한 것은, 『잡화기』에 말하기를 불가설 개수의 불가설이니 이미 그 에워싸는 바가 이미 불가설 개수의 불가설이 있다고 하였다면 곧 만약 그 위에 다시 양중으로 에워싼 것을 더한다면 그 수가 진실로 가히 측량할 수 없을 것이다. 그러한즉 그대(원공스님)가 이백일십으로써 에워싸는 바를 삼아 양중으로 에워싸야 바야흐로 일개의 불가설을 이룬다고 한 것은 이치가 성립되지 않는 것이다 하였다.

있었기에 이 위에 차례로 제이第二 불찰이 다시 한 세계를 더하여 능히 에워쌈을 삼고, 제삼 불찰도 또한 다시 한 세계를 더하여 이와 같이 점점 위로 일백 불찰에 이르고 일백 세계를 더하여 일천 불찰에 이르고, 일천 세계를 더하여 일만 불찰에 이르고, 일만 세계를 더하여 만불찰萬佛刹 미진수 세계에 이르며[373]

제이층에 이르러[374] 도리어 일 불찰 미진수 세계를 더하여 능히 에워쌈을 삼았기에 그런 까닭으로 이二 불찰 미진수 세계가 에워싸고 있나니,

이와 같이 내지 제이십층에도 또한 다시 이와 같아서 낱낱이 점점 증승하기에 그런 까닭으로 다만[375] 바로 위에 일 불찰 미진수 세계에 이르기만 하면 아울러 그 불찰을 능히 에워싸는 세계가 이미 수많은 불찰 미진수 개수箇數의 불찰 미진수 세계가 있게 되는 것이다.

---

373 만불찰萬佛刹 미진수 세계에 이른다고 한 등은 이상은 다 경문의 진실한 뜻이 저와 같음을 말한 것이고, 다음 줄에 도리어 일 불찰 미진수 세계를 더한다고 한 등은 경문에 나타난 문장이 이와 같음을 가리킨 것이니 이것은 다만 중간을 뛰어넘어 설한 것이 분명하다. 다 『잡화기』의 말이다.

374 제이층'이어늘' 吐라고 말하나 나는 제이층'하야' 吐로 번역하였다.

375 그런 까닭으로 다만 운운한 것은 옛날 원공의 해석을 맺어 탄핵하는 것이니, 그 뜻에 말하기를 바로 위에 십구 불찰이 있었거늘 그러나 지금에는 많이 취함을 구하지 않고 다만 그 가운데 일 불찰 세계와 아울러 그 불찰을 능히 에워싸는 세계만 잡아 말하여도 그 수를 이미 가히 알 수 없거늘 그대는 곧 어찌하여 십구 불찰과 그리고 십구 불찰을 에워싸는 반 불찰을 모두 취하여 그 위에 다시 양중으로 에워싸는 세계를 더하여야 바야흐로 일불가설一不可說 세계를 이룬다 하는가 한 것이다. 역시 『잡화기』의 말이다.

가히 그 수를 알 수 없기에 우선 일기一期의 수數에 나아가[376] 불가설이라고 말하였을 뿐이니 에워싸는 바 세계가 결정코 이 주主세계임을 분명히 알아야 할 것이다.

만약 그렇다면[377] 어떻게 표문標文으로 더불어 서로 어기지 않겠는가.

표문[378]에는 다만 말하기를 한 찰종에 불가설 불찰 미진수 세계가 있다고만 한 까닭이니,

이미 양중으로 능히 에워싼 세계를 더하였다면 세계가 많고도 많은 까닭이다.

답하겠다.

여기에 두 가지 뜻이 있나니

첫 번째 불가설이라고 말한 것은 주主세계에 나아가 표한 것이요

두 번째 양중으로 능히 에워싼 세계라고 한 것은 아울러 불가설 불찰 미진중의 세계를 벗어나지 않는 것이다.

무엇 때문인가.

그 문장의 뜻을 관찰하면 다만 이 모든 세계가 서로 주主·반伴이 되어 서로 에워싸나니,

---

376 우선 일기一期의 수數에 나아간다고 한 등은 이에 자기의 뜻을 설출한 것이니, 처음에는 안찰하여 결정한 것이다. 바로 아래 분명히 알아야 한다고 한 아래는 맺어서 성립한 것이니, 일기의 수라고 한 것은 일기에 주主세계의 숫자이다. 역시 『잡화기』의 말이다.

377 만약 그렇다면이라고 한 아래는 다시 묻고 답하여 스스로의 뜻을 성립한 것이니, 그 문장은 아울러 가히 알 수 있을 것이다. 역시 『잡화기』의 말이다.

378 표문이란, 영인본 화엄 4책, p.71이다.

마치 백 사람이 함께 모여서 한 사람이 주主가 됨에 곧 아흔아홉 사람이 그 사람을 에워싸고 나머지 아흔아홉 사람이 낱낱이 주主가 될 때에 다 아흔아홉 사람이 그 사람을 에워쌈을 얻는 것과 같다. 만약 그렇지 않다면 최고 아래에 한 세계가 이미 일 불찰 미진수 세계가 에워싸고 있었고 이 능히 에워싼 세계가 다시 양중으로 능히 에워싸고 있었기에 이미 불가설 불가설 불찰 미진수 세계가 있게 되는 것이니

생각해 볼 것이다.

분명히 알아라.

서로 주·반이 되지만 곧 본수本數에는 더한 적이 없는 것이다.

經

各各所依住와 各各形狀과 各各體性과 各各方面과 各各趣入과 各各莊嚴과 各各分齊와 各各行列과 各各無差別과 各各力加持가 周匝圍遶하니

각각 의주하는 바와 각각의 형상과 각각의 체성과 각각의 방면과 각각의 취입과 각각의 장엄과 각각의 분제와 각각의 행렬과 각각의 무차별과 각각의 힘으로 가피하여 주지하는 것이 두루 돌아 에워쌌나니

疏

二에 結形類中에 三이니 初는 列十門이니 旣言周匝圍遶인댄 則知旁去라

두 번째 세계의 형류를 맺는 가운데 세 가지가 있나니
처음에는 십문을 열거한 것이니
이미 두루 돌아 에워쌌다고 말하였다면 곧 널리 논한 것(旁論)[379] 조차 보내는 것인 줄 알아야 할 것이다.

379 방론旁論이라고 한 것은 앞의 영인본 화엄 4책, p.115, 9행에서 불가설을 방론이라 하였다.

鈔

而疎言旁去者는 經中現說이 下狹上闊이 如倒立浮圖와 倒安雁齒하니 亦合更說上尖下廣이 如正浮圖와 仰安雁齒리니 則上下櫛比하야 皆悉周滿하고 間無空處하야사 方爲刹網하야 上下四周가 皆悉相當하리라 經에 欲揀別諸重하야 不能備擧일새 故且增數하야 說繞刹殊하고 又欲令斜望으로 相當일새 故爲此說하니 所以로 梵網經云호대 世界不同이 猶如網孔이라하니라 若但取二百一十하야 以爲所繞인댄 殊非得意니라

그러나 소문에 말하기를 널리 논한 것조차 보내는 것이라고 한 것은 경 가운데 현재 말한 것이 아래는 좁고 위에는 넓은 것이 마치 거꾸로 서 있는 부도탑과 거꾸로 있는 기러기 행렬과 같다 하니,
또한 합당히 다시 위에는 뾰족하고 아래는 넓은 것이 마치 바로 서 있는 부도탑과 우러러 있는 기러기 행렬과[380] 같다고 해야 할 것이니.
곧 상·하에 절비[381]하여 다 두루 가득하고 사이마다 빈 곳이 없어야

---

380 안치雁齒라고 한 것은, 강사가 말하기를 오히려 기러기 탑이라 할 것이다. 그러나 『회현기』에 상치象齒라 하였으니 혹 기러기와 코끼리의 치아가 다 뿌리(本)는 넓고 끝(末)은 뾰족한 까닭으로 서로 들어 비유한 것인가. 역시 『잡화기』의 말이다. 안치雁齒는 안행雁行이다.

381 절비櫛比는 빗살과 같이 총총히 늘어서 있는 것을 말한다.

바야흐로 세계의 그물(刹綱)이 되어 상·하 사방이[382] 다 상당相當할 것이다.

경에 제중諸重[383]의 세계와 다름을 가려 분별하고자 하여 능히 갖추어 거론하지 않았기에 그런 까닭으로 또한 수數를 더하여 에워싼 세계와 다름을 설하고, 또 비껴 바라봄으로 하여금 상당相當케 하고자 하기에 그런 까닭으로 이 말을 하였으니

그런 까닭으로 『범망경』에 말하기를 세계가 같지 않는 것이 비유하자면 그물의 구멍과 같다 하였다.

만약 다만 이백일십 세계[384]만을 취하여 에워싼 바 세계를 삼는다면 자못 뜻을 얻었다 할 수 없는 것이다.

---

382 상·하 사방이라고 한 등은 말하자면 이 이십중二十重이 원래 위에는 뾰족하고 아래는 넓으며, 아래는 뾰족하고 위에는 넓은 것이 없는 것이다. 가로와 세로(깊이와 넓이)가 바로 같지만 경문에 제중諸重의 세계와 다름을 가리고자 한 까닭으로 우선 좁은 것을 좇아 넓은 것에 이르는 것이다. 그러나 『회현기』는 곧 말하기를 관찰하는 지혜를 증상코자 하는 까닭으로 一을 좇아 二에 이르는 등이라 하였으니 또 다른 한 뜻이라 하겠다. 이상은 역시 『잡화기』의 말이다.

383 제중諸重의 세계란, 이십중二十重의 세계이다.

384 만약 다만 이백일십 세계라고 한 아래는 원공苑公의 뜻을 그윽이 배척하는 것이다. 앞의 영인본 화엄 4책, p.117, 3행을 참고할 것이다.

經

所謂十佛刹微塵數迴轉形世界와 十佛刹微塵數江河形世界와 十佛刹微塵數漩流形世界와 十佛刹微塵數輪輞形世界와 十佛刹微塵數壇墠形世界와 十佛刹微塵數樹林形世界와 十佛刹微塵數樓觀形世界와 十佛刹微塵數尸羅幢形世界와 十佛刹微塵數普方形世界와 十佛刹微塵數胎藏形世界와 十佛刹微塵數蓮華形世界와 十佛刹微塵數佉勒迦形世界와 十佛刹微塵數種種衆生形世界와 十佛刹微塵數佛相形世界와 十佛刹微塵數圓光形世界와 十佛刹微塵數雲形世界와 十佛刹微塵數網形世界와 十佛刹微塵數門闥形世界니라

말하자면 열 부처님[385]의 세계에 작은 티끌 수만치 많은 회전 형상의 세계와

열 부처님의 세계에 작은 티끌 수만치 많은 강 형상의 세계와

열 부처님의 세계에 작은 티끌 수만치 많은 돌아 흐르는 형상의 세계와

열 부처님의 세계에 작은 티끌 수만치 많은 수레바퀴 테 형상의 세계와

열 부처님의 세계에 작은 티끌 수만치 많은 단선壇墠[386] 형상의

385 말하자면 열 부처님 운운한 것은 영인본 화엄 4책, p.86, 3행 이하를 참고할 것이다.

386 단선壇墠은 영인본 화엄 4책, p.87, 1행에 있다.

세계와
열 부처님의 세계에 작은 티끌 수만치 많은 나무숲 형상의 세계와
열 부처님의 세계에 작은 티끌 수만치 많은 누각[387] 형상의 세계와
열 부처님의 세계에 작은 티끌 수만치 많은 시라尸羅[388] 당기 형상의 세계와
열 부처님의 세계에 작은 티끌 수만치 많은 넓은 방위의 세계와
열 부처님의 세계에 작은 티끌 수만치 많은 태장 형상의 세계와
열 부처님의 세계에 작은 티끌 수만치 많은 연꽃 형상의 세계와
열 부처님의 세계에 작은 티끌 수만치 많은 거륵가[389] 형상의 세계와
열 부처님의 세계에 작은 티끌 수만치 많은 중생 형상의 세계와
열 부처님의 세계에 작은 티끌 수만치 많은 부처님 형상의 세계와
열 부처님의 세계에 작은 티끌 수만치 많은 원만한 광명 형상의 세계와
열 부처님의 세계에 작은 티끌 수만치 많은 구름 형상의 세계와
열 부처님의 세계에 작은 티끌 수만치 많은 그물 형상의 세계와
열 부처님의 세계에 작은 티끌 수만치 많은 문 형상의 세계입니다.

疏

二에 所謂下는 廣說十門이라 形狀이 有十八事하니 望前剎種形中

387 원문에 누관樓觀은 영인본 화엄 4책, p.86, 5행에는 누각이라 하였다.

388 시라尸羅는 영인본 화엄 4책, p.86에는 산당山幢이라 하였다.

389 거륵가는 영인본 화엄 4책, p.87, 2행에 설명하였다.

인댄 闕須彌山形과 及嚴具形하고 餘皆全同이나 但此約刹만 爲異耳니라

두 번째 말하자면이라고 한 아래는 십문을 폭넓게 설한 것이다. 세계의 형상이 십팔사十八事가 있나니
앞에 찰종의 형상 가운데를 바라본다면 수미산의 형상과 그리고 장엄구의 형상만 빠졌고 나머지는 다 온전히 같지만, 다만 여기서는 세계(刹)를 잡은 것이 다를 뿐이다.[390]

390 다만 여기서는 세계(刹)를 잡은 것이 다르다고 한 것은 앞에서는 찰종刹種을 잡았고, 여기서는 찰刹을 잡은 것이 다르다는 것이다.

經

如是等이 有不可說佛刹微塵數하니라

이와 같은 등이 가히 말할 수 없는 부처님의 세계에 작은 티끌 수만치 많이 있습니다.

疏

三에 如是等下는 結歸都數라

세 번째 이와 같은 등이라고 한 아래는 모든 수를 귀결歸結[391]한 것이다.

---

391 귀결歸結은 결론結論이다.

經

此一一世界가 各有十佛刹微塵數廣大世界가 周匝圍遶하고 此諸世界가 一一復有如上所說한 微塵數世界로 而爲眷屬하니라

이 낱낱 세계가 각각 열 부처님의 세계에 작은 티끌 수만치 많은 광대한 세계가 두루 돌아 에워싸고 있고, 이 모든 세계가 낱낱이 다시 위에서 말한 바와 같은 작은 티끌 수만치 많은 세계로 권속을 삼고 있습니다.

疏

三은 結眷屬이라 於中에 然有兩重主伴하니 此一一者는 指上不可說塵數也라 若望前文主刹인댄 直上繞數가 漸增거니와 今總相說일새 故云一一 各有十刹塵也라하며 又是欲顯無盡義故니라 一一復有如上所說한 微塵數者는 如上之言은 文含二義니 一은 卽總指前能繞所繞之數가 繞一世界니 不欲繁文일새 故云如上이라하니라 二者에 如上은 亦用十佛刹로 爲能繞也라 依此인댄 則似譯人이 文繁理隱거니 何不言一一復有十佛刹塵數耶아 若依前義인댄 則譯者之妙니라

세 번째는 권속 세계를 맺은 것이다.
그 가운데 그러나 양중兩重의 주·반이 있나니
이 낱낱이라고 한 것은 위에 가히 말할 수 없는 미진수 세계를

가리킨 것이다.

만약 앞의 경문에 주主세계를 바라본다면 바로 위에 에워싼 세계의 수數가 점점 증승하였거니와 지금에는 총상總相으로 설하기에 그런 까닭으로 말하기를 낱낱이 각각 열 부처님의 세계에 작은 티끌 수만치 많은 광대한 세계가 있다고 하였으며,

또 이것은 끝이 없는 뜻을 나타내고자 한 까닭이기도 하다.

낱낱이 다시 위에서 말한 바와 같은 작은 티끌 수만치 많은 세계로 권속을 삼고 있다고 한 것은 위에서 말한 바와 같다고 한 말은 문장이 두 가지 뜻을 포함하고 있나니

첫 번째는 곧 앞에[392] 능요能繞와 소요所繞의 세계수가 한 세계를 에워싼다고 모두 가리킨 것이니,

문장을 번잡하게 하고자 않기에 그런 까닭으로 말하기를 위에서 말한 바와 같다고 한 것이다.

두 번째 위에서 말한 바와 같다고 한 것은 또한 십불찰로써 능요能繞를 삼은 것이다.

이것[393]을 의지한다면 곧 번역하는 사람이 문장을 번잡하게 하고 이치를 숨게 한 듯하거니 어찌 낱낱이 다시 십불찰 미진수 세계가 있다 말하지 않는가.[394]

---

392 앞이라고 한 것은 『잡화기』에 말하기를 곧 앞에 제일중第一重의 능요와 소요라 하였다.

393 이것이란, 두 번째 뜻이다.

394 어찌 낱낱이 다시 십불찰이라고 한 아래는 십불찰 미진수세계十佛刹 微塵數世

만약 앞의 뜻[395]을 의지한다면 곧 번역한 사람의 묘妙라 할 것이다.

鈔

依此인댄 則似譯人이 文繁理隱者는 若言十佛刹인댄 但有三字어니와 今云如上所說이라하야 則有四字일새 故爲文繁이요 但云如上所說은 言不分明일새 卽是理隱이라 若依前義者는 能繞所繞가 其數旣多어늘 但云如上인댄 則言省略일새 故云妙耳라하니라 雖有二釋이나 疏意는 存第二釋이니 但用十佛刹塵數로 而爲能繞가 爲順經宗하고 明無盡故며 前後體勢도 類皆然故라 餘如疏文하니 細尋可見이라

이것을 의지한다면 곧 문장을 번잡하게 하고 이치를 숨게 한 듯하다고 한 것은 만약 십불찰이라고 말한다면 다만 세 글자만 있으면 되거니와, 지금에는 여상소설如上所說이라 하여 곧 네 글자가 있기에 그런 까닭으로 문장을 번잡하게 했다 한 것이요,
다만 여상소설이라고만 말한 것은 말이 분명하지 않기에 곧 이것이 이치를 숨게 했다 한 것이다.

만약 앞의 뜻을 의지한다면이라고 한 것은 능요의 세계와 소요의 세계가 그 수가 이미 많거늘, 다만 여상소설이라고만 말한다면 곧 말을 생략한 것이기에 그런 까닭으로 말하기를 번역한 사람의

界가 있다고 하면 문장도 번잡하지 않고 이치도 잘 드러난다는 것이다.
395 앞의 뜻이라고 한 것은 첫 번째 뜻이다.

묘라 하였다.

비록 두 가지 해석이 있기는 하지만 소가疏家의 뜻은 제 두 번째 해석에 있나니,

다만 십불찰 미진수로써 능요를 삼는 것이 경의 종취를 따르고 끝이 없는 뜻을 밝힌 것이 되는 까닭이며,

앞·뒤에 문체의 형세도 유형이 다 그러한 까닭이기도 하다.

나머지는 소문疏文과 같나니

자세히 찾아보면 가히 볼 수 있을 것이다.

經

如是所說一切世界가 皆在此無邊의 妙華光香水海와 及圍遶此海香水河中하니라

이와 같이 설한 바 일체 세계가 다 이 끝없는 묘한 연꽃 광명의 향수해와 그리고 이 바다를 에워싼 향수하香水河 가운데 있습니다.

疏

四는 彰所在니 卽最中香海라 旣言及在香河인댄 明知傍去니라

네 번째는 세계가 있는 곳을 밝힌 것이니
곧 최고 중간의 향수해이다.
이미 향수하에 있다고 언급하였다면 널리 논한 것조차 보내는 것인 줄 분명히 알아야 할 것이다.

청량 징관(淸凉 澄觀, 738~839)

중국 화엄종의 제4조.
절강성浙江省 월주越州 산음山陰 사람으로, 속성은 하후夏侯, 자는 대휴大休, 탑호는 묘각妙覺이다.
11세에 출가하여 계율, 삼론, 화엄, 천태, 선 등을 비롯, 내외전을 두루 수학하였다. 40세(777년) 이후 오대산 대화엄사에 머물면서 『화엄경』을 여러 차례 강설하였으며, 이를 토대로 『대방광불화엄경소』 60권, 『대방광불화엄경수소연의초』 90권을 저술하고 강의하였다. 796년에는 반야삼장의 『40권 화엄경』 번역에 참여하였고, 덕종에게 내전에서 화엄의 종지를 펼쳤다. 덕종에게 청량국사淸凉國師, 헌종에게 승통청량국사僧統淸凉國師라는 호를 받는 등 일곱 황제의 국사를 지냈다.
저서로 『화엄경주소華嚴經註疏』, 『화엄경수소연의초華嚴經隨疏演義鈔』, 『화엄경강요華嚴經綱要』, 『화엄경략의華嚴經略義』, 『법계현경法界玄鏡』, 『삼성원융관문三聖圓融觀門』 등 400여 권이 있다.

관허 수진貫虛 守眞

1971년 문성 스님을 은사로 출가, 1974년 수계, 해인사 강원과 금산사 화엄학림을 졸업하고, 운성, 운기 등 당대 강백 열 분에게 10년간 참문수학하였다.
1984년부터 수선안거 10년을 성만하고, 1993년부터 7년간 해인사 강원 강주로 학인들을 지도하였다.
대한불교조계종 교육위원, 역경위원, 교재편찬위원, 중앙종회의원, 범어사 율학승가대학원장 및 율주를 역임하였다.
현재 부산 승학산 해인정사에 주석하면서, 대한불교조계종 고시위원장, 단일계단 계단위원·존증아사리, 동명대학교 석좌교수, 동명대학교 세계선센터 선원장 등의 소임을 맡고 있다.

청량국사화엄경소초 22 - 화장세계품 ①

초판 1쇄 인쇄 2022년 5월 17일 | 초판 1쇄 발행 2022년 5월 27일
청량 징관 찬술 | 관허 수진 현토역주 | 펴낸이 김시열
펴낸곳 도서출판 운주사
(02832) 서울시 성북구 동소문로 67-1 성심빌딩 3층
전화 (02) 926-8361 | 팩스 0505-115-8361
ISBN 978-89-5746-680-3 94220
ISBN 978-89-5746-592-9 (총서) 값 20,000원
http://cafe.daum.net/unjubooks 〈다음카페: 도서출판 운주사〉